Copyright © 2020 Brain Trainer All rights reserved.

No part of this publication may be reproduced, distributed or transmitted in any form or by any means, including photocopying, recording, or other electronic or mechanical methods, without the prior written permission of the publisher, except in the case of brief quotations embodied in critical reviews and certain other non-commercial uses permitted by copyright law.

Trademarked names appear throughout this book. Rather than use a trademark symbol with every occurrence of a trademarked name, names are used in an editorial fashion, with no intention of infringement of the respective owner's trademark. The information in this book is distributed on an "as is" basis, without warranty. Although every precaution has been taken in the preparation of this work, neither the author nor the publisher shall have any liability to any person or entity with respect to any loss or damage caused or alleged to be caused directly or indirectly by the information contained in this book.

Puzzles Inside

Target Puzzle

Find as many words as you can by joining letters. Each letter can only be used once in each word and the center letter must be used for every word. There extra challenge is to find the largest word(s) that uses every single letter.

Example: Largest word = 'Jumping'

Word Hunt Puzzle

The goal is to find the most words by joining adjacent letters together to create words. To be a valid word in 'Word Hunt', each letter in a word must be next the previous and letters can only be used once. Letters can be joined horizontally, vertically, or diagonally.

Example: Word = 'Normal'. Each letter is joined to the previous and used once.

Word Search Puzzle

In a 'Word Search Puzzle', the goals is to find a set list of words that are hidden in a grid of letters. Words on the grid are displayed either vertically, horizontally, or diagonally.

PHONES   EBOOKS
MOVERS   CLOSE
DRAFT   KARMA

Target Puzzle Guide

Challenges

Good:
7 words

Very Good:
23 words

Excellent:
47 words

Rules:
Words must have 4 - 9 letters
A letter can only be used once
Center letter MUST be used

The goal of a Nine Letter Target Puzzle is to find as many words as possible by joining letters. An extra challenge is to find the hidden '9 letter word' that is made up of every letter in the puzzle!

There are certain rules a player must abide by.
(1) The Center letter MUST be used in every word:
e.g In the example puzzle above 'REAL', 'LEAN', 'TREE' are all valid words, whereas 'RANT' is invalid as it doesnt use the required center letter 'E'.
(2) A Letter can only be used once:
e.g In the example puzzle above 'TREE' is valid as there are two 'E' letters available to use, however 'RARE' is invalid as there is only one 'R' in the puzzle.

Important Notes:
 - Letters are not required to be next to the previous letter e.g 'LANE' is a valid word in the puzzle above despite the 'A' not being next to the 'L'
 - These puzzles are designed to be hard and very few people can reach 'Excellent' level.

Vocabulary Exercise:
 - Expect to come across many words in the solutions that aren't used in every day conversations. We advise that every time you complete a puzzle, check the answers at the back of the book and look up words that you aren't familar with. In this way not only are you keeping your mind active, but you get the added benefit of an increased vocabulary!

Word-Search 1

```
J P X C I Y J K S P L W
P S S U S A N W L F Y V
L E E J S W U U Z Q A R
A G M Y D D N I J V D C
N K H D M I N L B I G A
N P S U T Y A O V W C L
E I L Y H D U I C Z X V
R M J G D A N G Z E J I
M M K E G G P N J S S N
S P R V N D E K I U P R
O H F O B O O K I N G V
H T C O U R S E C Q I W
```

SECONDS	PLANNER	BOOKING
LADDER	COURSE	CALVIN
DIVING	UNITY	SUSAN

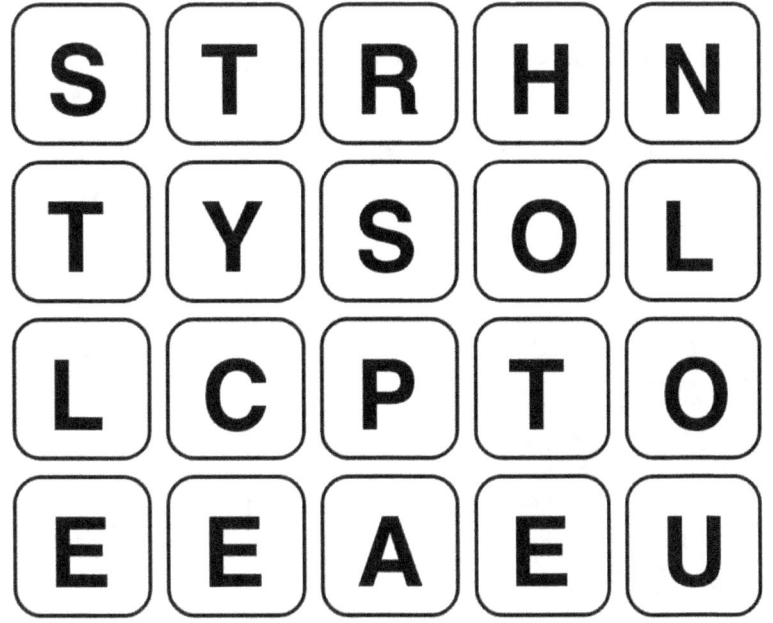

Challenges

Good: 7 words

Very Good: 17 words

Excellent: 31 words

Rules:

Words must have 4+ letters

Letters can only be used once

Each letter in a word must be next to the previous

Letters can be joined horizontally, vertically, or diagonally

Word-Search 2

```
B H S H R D Q U P R F I
G D T E R A W D R A H M
R Q G I L A N R E T X E
A V E V M J H H F M S K
O D N V F E I U P F D J
E W I X I E L D U O Q A
N S M S W D E I E H U M
D F B Q C D E Q N U I A
Q S C H I O V N U E L I
G C D U R U W P C P T C
L D G R M P S L W E O A
S U I T E S F O J C N D
```

TIMELINE   EVIDENCE   EXTERNAL
HARDWARE   JAMAICA   SUITES
GUIDED   QUILT   DISCO

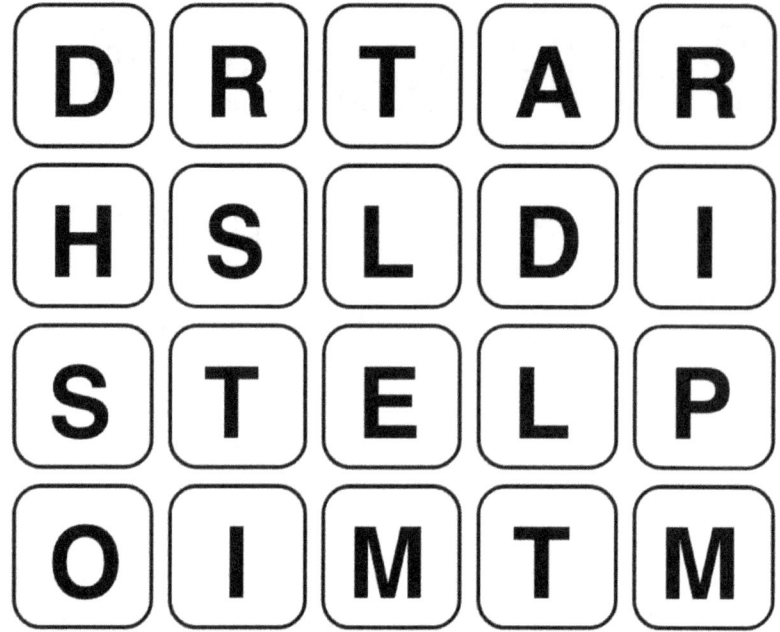

Challenges

Good: 6 words

Very Good: 16 words

Excellent: 29 words

Rules:

Words must have 4+ letters

Letters can only be used once

Each letter in a word must be next to the previous

Letters can be joined horizontally, vertically, or diagonally

S	L	T
A	**R**	T
U	S	I

Challenges

Good:
6 words

Very Good:
20 words

Excellent:
40 words

Rules:
Words must have 4 - 9 letters
A letter can only be used once
Center letter MUST be used

6

Word-Search 3

```
P Q L D M X Y Y W I S X
D G D W G C H C P T V W
M C V D J A G U A R J U
R M M C E S P L Q V B H
T U K W G S P U Y W I N
R L I E K A S T O G I T
A T N V B I I E H H B D
E I D O P L J L C L P L
L P S W A I A I S C O C
C L N U K N N D J D A M
U E Q C D S H L M I D V
N B V N H U A C U T E C
```

ACCESSED	HIGHLAND	MULTIPLE
QUALITY	NUCLEAR	KIJIJI
JAGUAR	ACUTE	KINDS

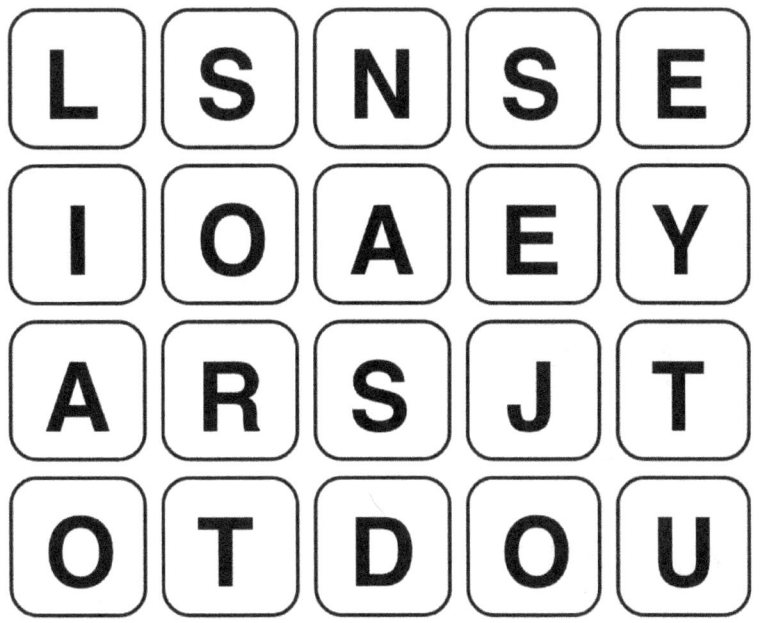

Challenges

Good: 7 words

Very Good: 18 words

Excellent: 34 words

Rules:

Words must have 4+ letters

Letters can only be used once

Each letter in a word must be next to the previous

Letters can be joined horizontally, vertically, or diagonally

I	O	D
M	**L**	Z
E	B	I

Challenges

Good:
3 words

Very Good:
11 words

Excellent:
22 words

Rules:
Words must have 4 - 9 letters
A letter can only be used once
Center letter MUST be used

9

Word-Search 4

```
I N R E M O V A L G M R
H T H E A T R E Q W G T
D T K S B S C N I S J I
O J B T P G R U T A O C
E T B E H T U C N I I K
W F B G G S A S O N N E
W U V G S T P K I R S T
O B D D N Q N T S I G E
F I R O O O G T S E G N
K A C J S P P R A K J P
Y G H A F U D J P C W N
H B J F R E E B S D G T
```

CONTACTS   PASSION   THEATRE
REMOVAL   FREEBSD   TICKET
JASON   YARDS   JOINS

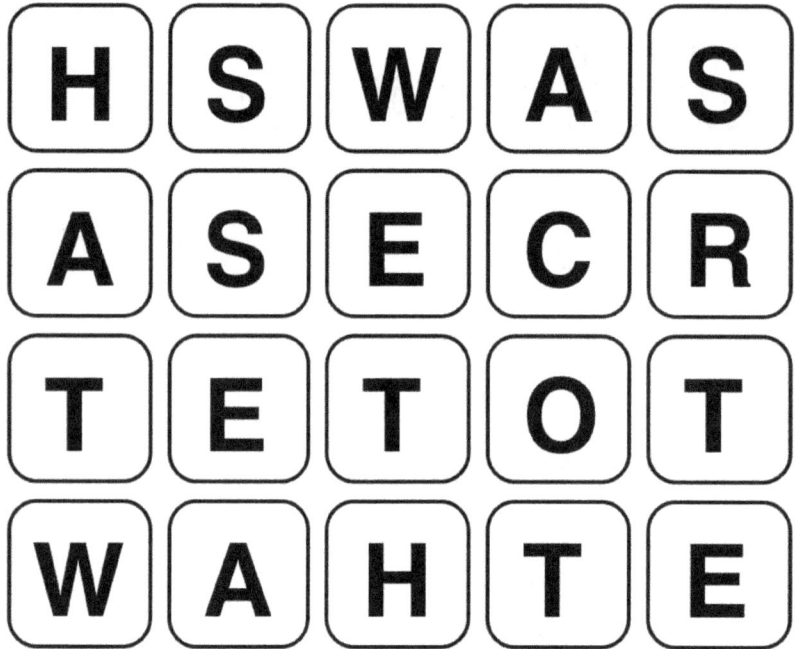

Challenges

Good: 7 words

Very Good: 17 words

Excellent: 31 words

Rules:

Words must have 4+ letters

Letters can only be used once

Each letter in a word must be next to the previous

Letters can be joined horizontally, vertically, or diagonally

N	A	E
F	**U**	I
G	R	T

Challenges

Good:
5 words

Very Good:
16 words

Excellent:
32 words

Rules:
Words must have 4 - 9 letters
A letter can only be used once
Center letter MUST be used

12

Word-Search 5

```
W S Q D C I T N A L T A
G K V C I T N A M O R I
F O N G V H J B G G S E
F N L O D A F V R G D Y
S G D R W D T S D S R L
G G A D E N E E O C A E
G S V U E X C H N U M
H M L L I N G Y I Y G A
C A W F A D T P R T J N
V R M L W V G Q E J U L
B U A W W A U H O H B K
U B G F L E X I B L E H
```

ROMANTIC   FLEXIBLE   BALANCED
ATLANTIC   VALUED   GUARDS
NAMELY   KNOWN   FIXES

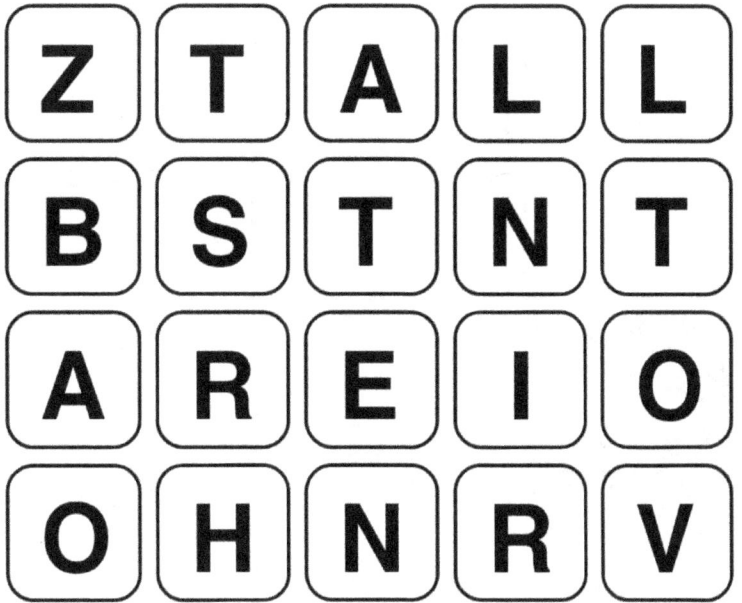

Z	T	A	L	L
B	S	T	N	T
A	R	E	I	O
O	H	N	R	V

_____ _____ _____ _____ _____

_____ _____ _____ _____ _____

_____ _____ _____ _____ _____

_____ _____ _____ _____ _____

_____ _____ _____ _____ _____

_____ _____ _____ _____ _____

Challenges

Good: 10 words

Very Good: 24 words

Excellent: 45 words

Rules:

Words must have 4+ letters

Letters can only be used once

Each letter in a word must be next to the previous

Letters can be joined horizontally, vertically, or diagonally

14

D	E	I
S	**C**	N
E	R	D

Challenges

Good:
4 words

Very Good:
13 words

Excellent:
27 words

Rules:
Words must have 4 - 9 letters
A letter can only be used once
Center letter MUST be used

15

Word-Search 6

```
F D L K T W S Q P B A V
T O P I C S I Q R Y W G
B A S E N A M E I N R D
W N H M G D K J H O T P
G O A R I Q G J T R S F
N T R S P Q L A A I L G
I J T M L F R E S O D N
R C F Y O E D E S D D I
O N O C P G N S V U Y K
O I R O T E E B D N U N
L F D I G S P F B B I A
F Y T T O P S E M A G B
```

OPERATOR	BASENAME	HARTFORD
GAMESPOT	FLOORING	BANKING
GENESIS	TOPICS	LOSSES

16

Challenges

Good: 13 words

Very Good: 32 words

Excellent: 60 words

Rules:

Words must have 4+ letters

Letters can only be used once

Each letter in a word must be next to the previous

Letters can be joined horizontally, vertically, or diagonally

Letter Grid

```
N  C  R
E [A] G
O  R  A
```

Challenges

Good:
5 words

Very Good:
17 words

Excellent:
34 words

Rules:
Words must have 4 - 9 letters
A letter can only be used once
Center letter MUST be used

18

Word-Search 7

```
Q P E L O A D E D L O M
Q W J E S E N I H C A M
E O A H P F N Q D O T V
P G A A C I F O R S M N
O N L M E V N R S S B J
W I K B B R E I O D C V
E D B U Q Q H T O K U N
R O P R D G U H R N O H
E C X G A A R E Y U S A
D N R A F J S Q W S Q U
U E M K S A K T U P K L
R H J U L L W O N C P H
```

MACHINES   EPINIONS   ENCODING
HAMBURG   POWERED   LOADED
HUDSON   AUTOS   LASER

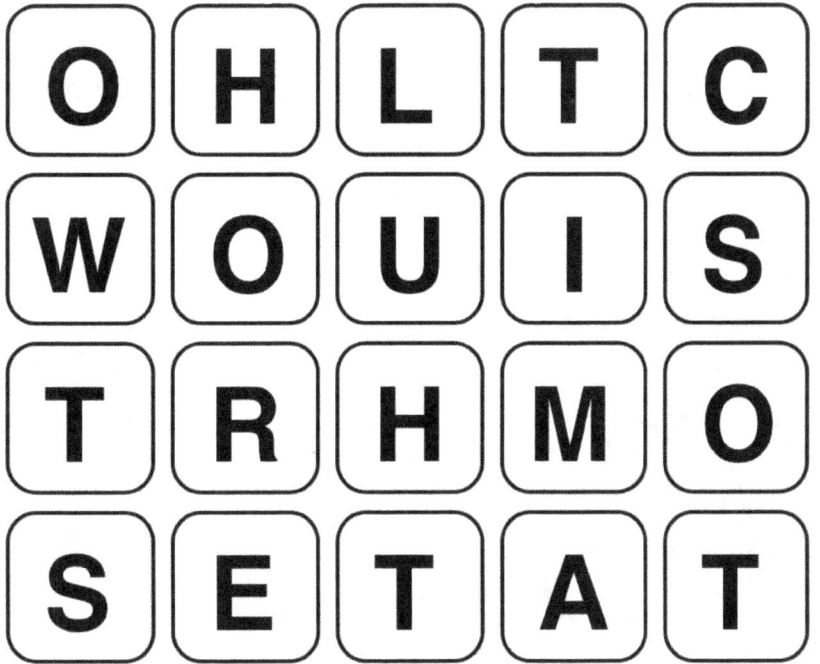

Challenges

Good: 7 words

Very Good: 16 words

Excellent: 30 words

Rules:

Words must have 4+ letters

Letters can only be used once

Each letter in a word must be next to the previous

Letters can be joined horizontally, vertically, or diagonally

G	T	N
I	**L**	H
Y	E	L

Challenges

Good:
4 words

Very Good:
14 words

Excellent:
28 words

Rules:
Words must have 4 - 9 letters
A letter can only be used once
Center letter MUST be used

21

Word-Search 8

```
L D E S I R E D H Q O K
G G I D E M R O F N I E
D F E R R A R I K I A E
G S J S D B H P N A G P
N E M L J T J F K N C I
I H I I O B O E I H G N
T H N F L R B H I B M G
I H C J M I C F I G G S
D D H E W A E E I Z I R
E A D T E Y H S F I C A
K E U T W W T B Y Y W E
A O L J J O L A C J S F
```

INFORMED   TEACHING   INFORMED
FERRARI   EDITING   SMILIES
DESIRED   KEEPING   FEARS

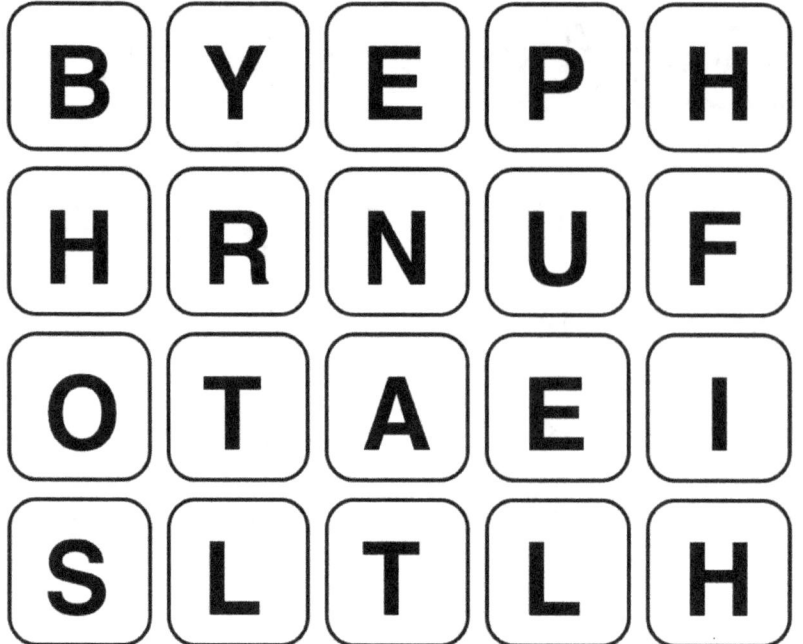

Challenges

Good: 8 words

Very Good: 20 words

Excellent: 37 words

Rules:

Words must have 4+ letters

Letters can only be used once

Each letter in a word must be next to the previous

Letters can be joined horizontally, vertically, or diagonally

23

E	R	N
C	**R**	C
U	D	O

Challenges

Good:
4 words

Very Good:
14 words

Excellent:
28 words

Rules:
Words must have 4 - 9 letters
A letter can only be used once
Center letter MUST be used

24

Word-Search 9

```
I M K L G Q C C D M O H
R D D K M G Q I K O G N
A E A Y M G G W A W A O
T L C T E E Y M B O E V
E I S C S H E A E V B E
D V D T U H Q I R V H M
D E L E C C E G G R A B
O R F S F Q E L I W A E
B Y O V E R V I E W E R
G B M A M U K D E L U B
L I S O B I D D E R F C
U L D E G A G N E F W A
```

OVERVIEW   NOVEMBER   DELIVERY
ENGAGED   DIGEST   BIDDER
SCHEMA   ARRAY   RATED

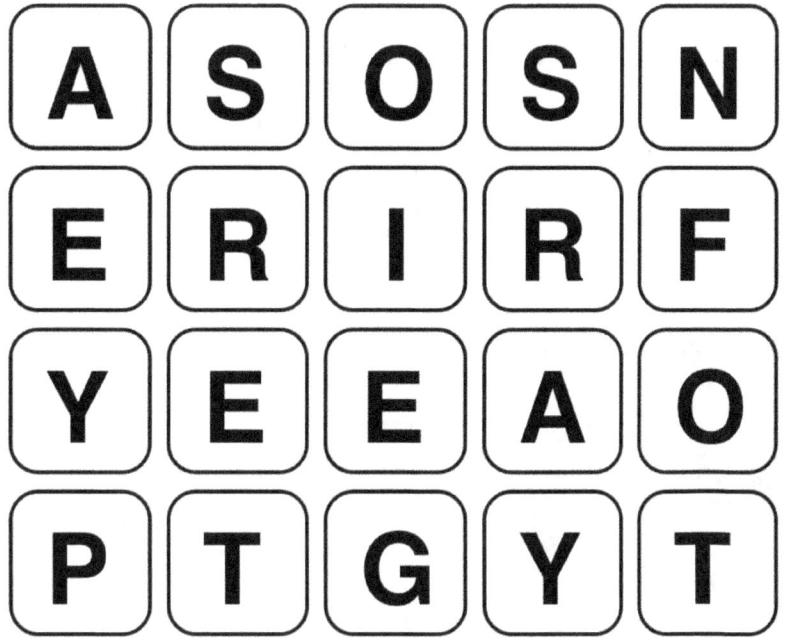

Challenges

Good: 6 words

Very Good: 16 words

Excellent: 30 words

Rules:

Words must have 4+ letters

Letters can only be used once

Each letter in a word must be next to the previous

Letters can be joined horizontally, vertically, or diagonally

```
G  A  S
M  T  E
I  U  F
```

Challenges

Good:
8 words

Very Good:
26 words

Excellent:
52 words

Rules:
Words must have 4 - 9 letters
A letter can only be used once
Center letter MUST be used

27

Wird-Search 10

```
J O I N I N G C U E E Q
N E A O D Q L Y H L S P
I N U N U Q P L K S A P
B J M S A S N A K R C Q
P M Q U A N T U M A R C
M E L C Y Q D J G D E E
A I R A P R K J N E R Z
I A L C I L N G O N E N
A K E L E R T H I I H O
B H H E S N E T L A W R
D Y T K V J T A V G O B
S U R A U Q T V U B N R
```

NOWHERE JOINING QUANTUM
PERCENT AERIAL   KANSAS
BRONZE   GAINED   MILLS

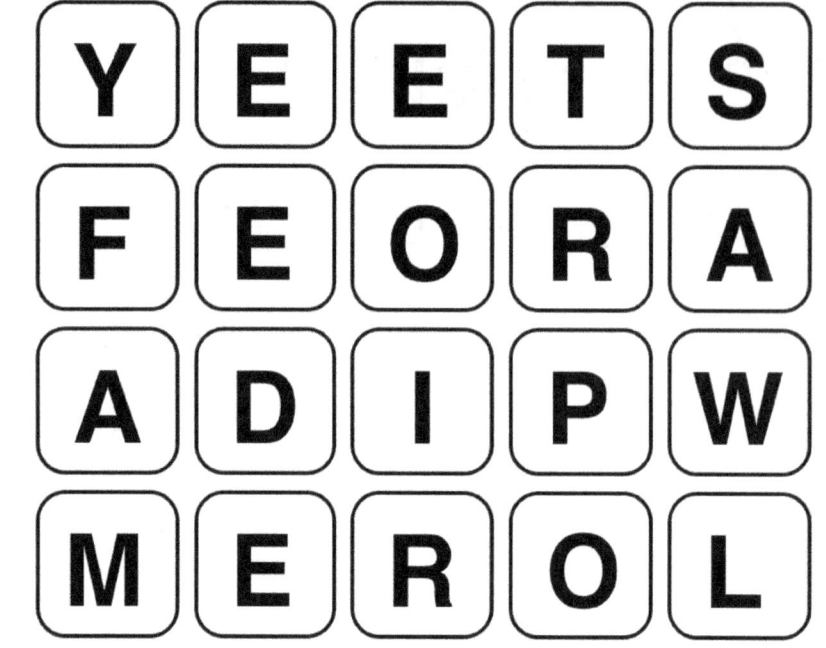

___ ___ ___ ___ ___
___ ___ ___ ___ ___
___ ___ ___ ___ ___
___ ___ ___ ___ ___
___ ___ ___ ___ ___
___ ___ ___ ___ ___
___ ___ ___ ___ ___

Challenges

Good: 8 words

Very Good: 21 words

Excellent: 38 words

Rules:

Words must have 4+ letters

Letters can only be used once

Each letter in a word must be next to the previous

Letters can be joined horizontally, vertically, or diagonally

O	U	C
I	**S**	X
E	N	L

Challenges

Good:
7 words

Very Good:
22 words

Excellent:
45 words

Rules:
Words must have 4 - 9 letters
A letter can only be used once
Center letter MUST be used

30

Word-Search 11

```
W E J O D R A U G K N G
E A G S T R A N D K L L
S H E Y O E P W U K A A
S U Y Y P K G I F C J S
A M T A A T I B B O D R
Y Q E E T S I N F W U E
A W R V O G G A A S Y B
T O I J J D Q N N S S M
K S W W C P B A I T E A
I M T R P L K C C T Q H
U X S L Q U D M T Y A C
D U D N R G R A V E C E
```

EGYPTIAN   CHAMBERS   EATING
KINASE   STRAND   ESSAY
KOREA   GRAVE   GUARD

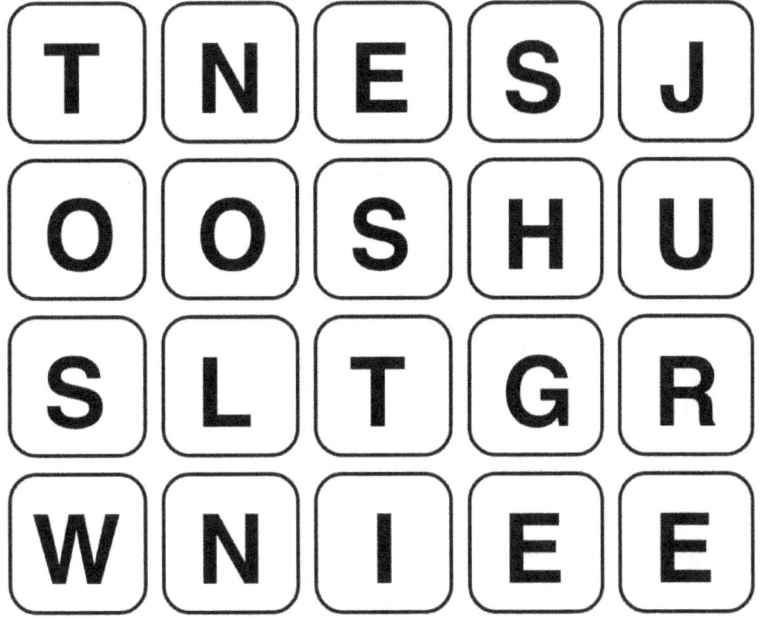

Challenges

Good: 7 words

Very Good: 17 words

Excellent: 32 words

Rules:

Words must have 4+ letters

Letters can only be used once

Each letter in a word must be next to the previous

Letters can be joined horizontally, vertically, or diagonally

M	R	T
A	**E**	O
H	R	W

Challenges

Good:
6 words

Very Good:
20 words

Excellent:
41 words

Rules:
Words must have 4 - 9 letters
A letter can only be used once
Center letter MUST be used

33

Word-Search 12

```
F V S E R I T T Z Y G W
Q I R R E S O L V E I H
H A Y U N L G A L N A J
P K V D O A B B D Q U J
B F E N Y K G S T P M N
I G Y C Q A L O D C D F
R E R A V P R A L E C C
D Y T A W S T R L Y M K
S T K W F E H A U Q T A
Y G S K S C Y F B M E G
A J G J D M I O R U D J
F W D E T I C X E T T N
```

EXCITED UPDATES RESOLVE
MURRAY   DELAY   LOGAN
WINDS   BIRDS   TIRES

34

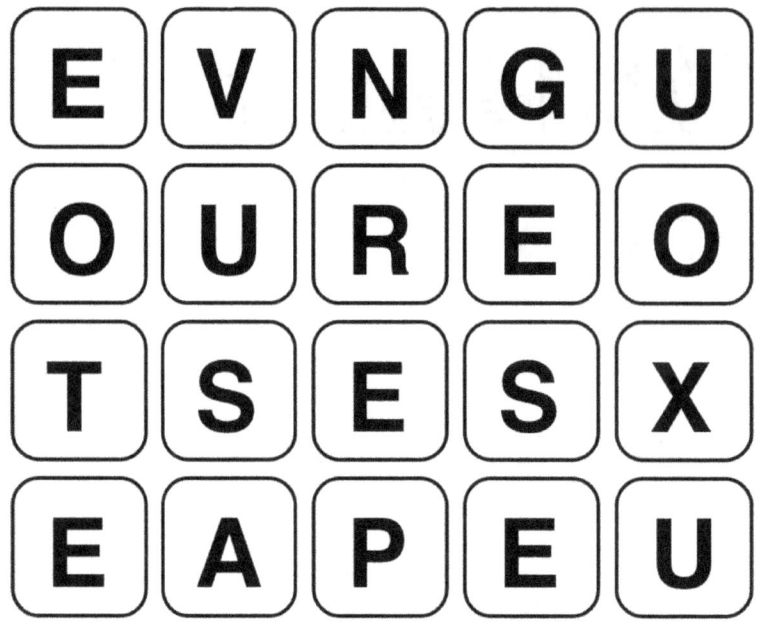

Challenges

Good: 7 words

Very Good: 17 words

Excellent: 32 words

Rules:

Words must have 4+ letters

Letters can only be used once

Each letter in a word must be next to the previous

Letters can be joined horizontally, vertically, or diagonally

35

R	E	O
S	**N**	P
N	E	L

Challenges

Good:
4 words

Very Good:
12 words

Excellent:
25 words

Rules:
Words must have 4 - 9 letters
A letter can only be used once
Center letter MUST be used

36

Word-Search 13

```
B D U G A N D A J M Y M
D R D E R I A P M I A E
H K S T E T T E Z A G P
N L P A T S V P A G O D
I F C C N E I D P C P F
R K T H C I O Y N Q B A
D V B N E P T R N U D L
H W A Z T S B A M E U L
C L M E C D S W L R S E
G H D F R J H C C Y F N
A I B Z K C E L S N D S
V P K F L S R P U S E J
```

IMPAIRED   ADOPTED   LATINAS
GAZETTE   GLANCE   FALLEN
UGANDA   CHESS   QUERY

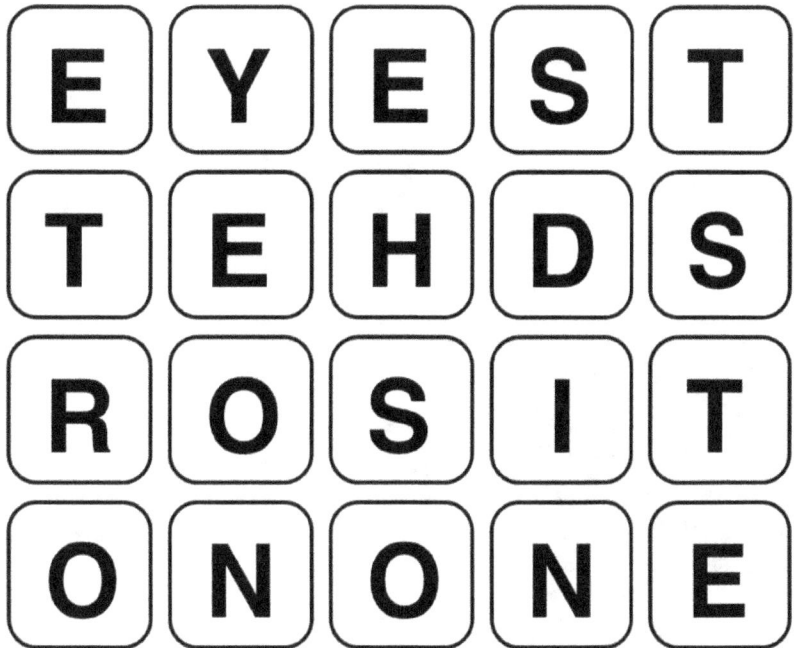

Challenges

Good: 7 words

Very Good: 18 words

Excellent: 34 words

Rules:

Words must have 4+ letters

Letters can only be used once

Each letter in a word must be next to the previous

Letters can be joined horizontally, vertically, or diagonally

R	E	X
O	**P**	E
S	S	U

Challenges

Good:
6 words

Very Good:
19 words

Excellent:
39 words

Rules:
Words must have 4 - 9 letters
A letter can only be used once
Center letter MUST be used

39

Word-Search 14

```
T E L T S E T A E R G J
N C A U S E D G G R U S
I I S Q S P H M H T N U
E K R P W J D F M N T S
A K O A W I L B L O I P
Q R Y U Q E G J C S T E
D F Q I S I G A H S L C
S J J R N U I K N C E T
F A U K Y V N K K I D T
R O N H T P K E R R R G
Y E T A N B O A A E N B
U T L P Y B T N O Y A S
```

YOURSELF	UNTITLED	GREATEST
ERICSSON	SUSPECT	LATVIA
CAUSED	IRAQI	DROPS

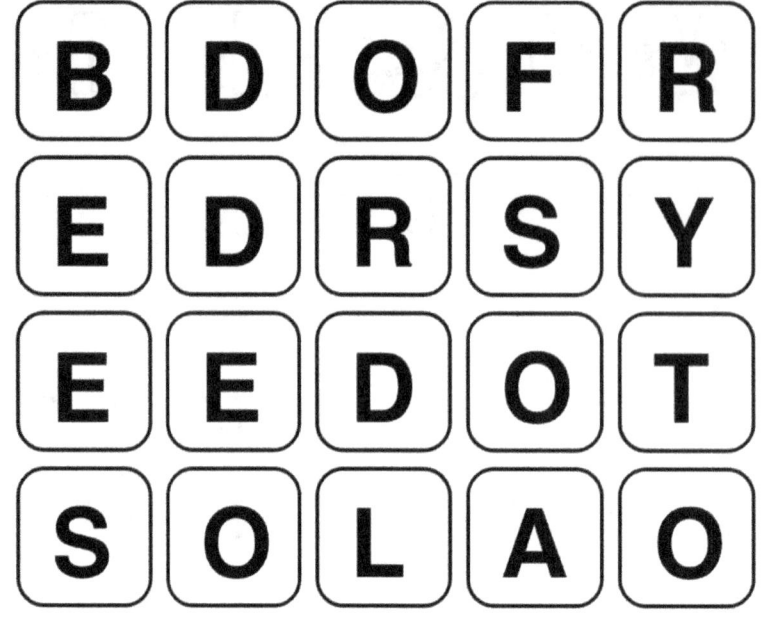

Challenges

Good: 8 words

Very Good: 20 words

Excellent: 36 words

Rules:

Words must have 4+ letters

Letters can only be used once

Each letter in a word must be next to the previous

Letters can be joined horizontally, vertically, or diagonally

S	H	O
R	**P**	L
E	I	S

Challenges

Good:
9 words

Very Good:
27 words

Excellent:
54 words

Rules:
Words must have 4 - 9 letters
A letter can only be used once
Center letter MUST be used

42

Word-Search 15

```
W G P A S C I H P A R G
E A O F P G S G W N E N
M I L V H A F L Q U N Q
O D I J N J R L D J C T
D N T O R Q K K A H I R
E N E R A E C U I H V P
E H R D V I T T O N E W
R T A A J D U U L B G B
F Y C N B L T N O W W M
S Y Y U S G M Q Q R P H
H H S A P S J O Q D S T
C S Y A D I L O H U K F
```

LITERACY   GRAPHICS   HOLIDAY
FREEDOM   PARKING   ROUTER
BEHALF   JORDAN   TULSA

43

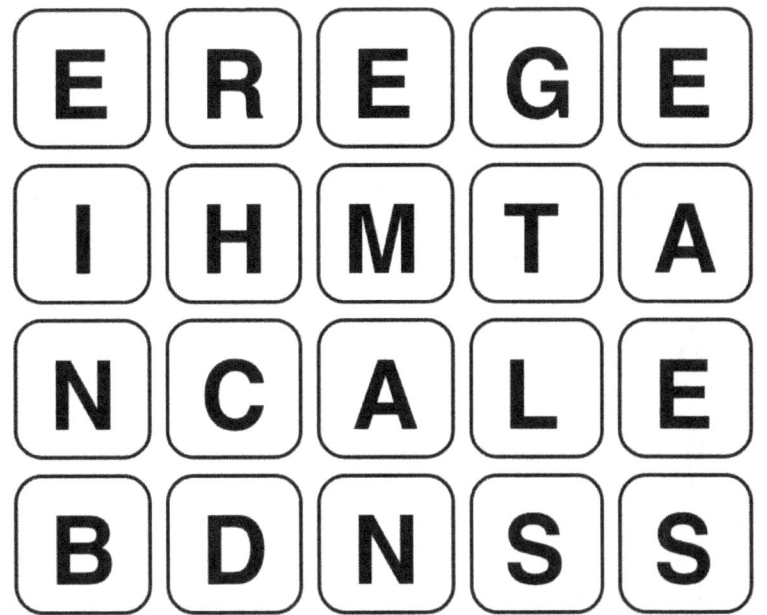

Challenges

Good: 8 words

Very Good: 19 words

Excellent: 35 words

Rules:

Words must have 4+ letters

Letters can only be used once

Each letter in a word must be next to the previous

Letters can be joined horizontally, vertically, or diagonally

A	V	I
E	**T**	L
E	R	S

Challenges

Good:
15 words

Very Good:
46 words

Excellent:
93 words

Rules:
Words must have 4 - 9 letters
A letter can only be used once
Center letter MUST be used

45

Word-Search 16

```
C F T R H O Y T E U B I
S E N T I T L E D A A N
N I M F B Y E V S E D F
L K E E L Y I E L B J O
A W D S H C B W K D R R
N Y E T U A N A C W B M
A L A E L O I U A K G A
C K E L K R P O O F G L
B U I A E E J S S L N P
E P D B U S N J S Q S T
G G I G V L R D H K E G
H L S R E N N I W K J M
```

BASEBALL	ENTITLED	INFORMAL
LIBERIA	WEEKEND	WINNERS
SPOUSE	KATHY	CANAL

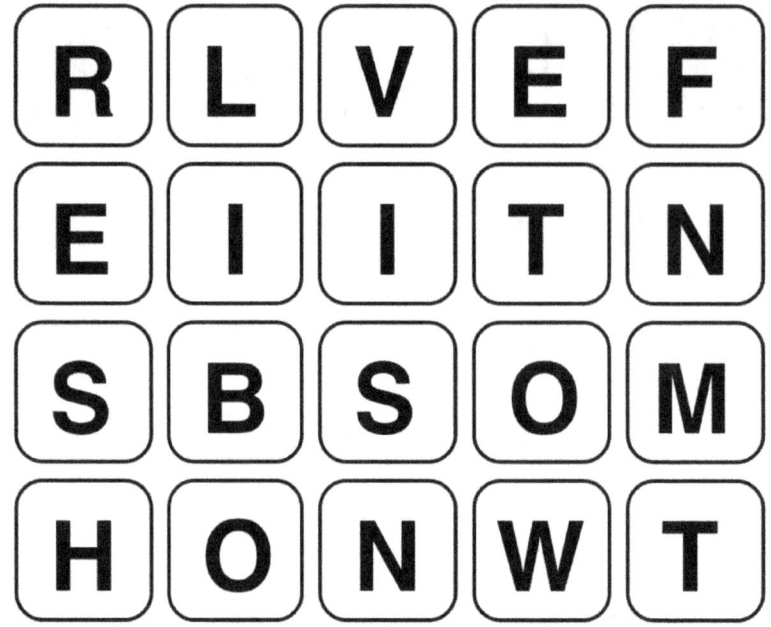

Challenges

Good: 7 words

Very Good: 17 words

Excellent: 31 words

Rules:

Words must have 4+ letters

Letters can only be used once

Each letter in a word must be next to the previous

Letters can be joined horizontally, vertically, or diagonally

A	G	A
I	**O**	L
R	D	T

Challenges

Good:
4 words

Very Good:
14 words

Excellent:
28 words

Rules:
Words must have 4 - 9 letters
A letter can only be used once
Center letter MUST be used

48

Word-Search 17

```
Q L P L A R T N E C K Y
U W G J J W F C I L K L
H K Y G E T T I N G W N
N E C B A B Y O D T L F
M Y A E R D S D I J H B
U B L V Q A N F A A M C
T O C T E U E Y R P U B
U A L J O R R N Y C Q P
A R N F T B A M P P F Q
J D B D G P G G G K Y U
T E X H I B I T E S E I
A R K O M V D L K R L B
```

KEYBOARD GETTING CENTRAL
AVERAGE EXHIBIT NEARBY
AUTUMN FOUND DIARY

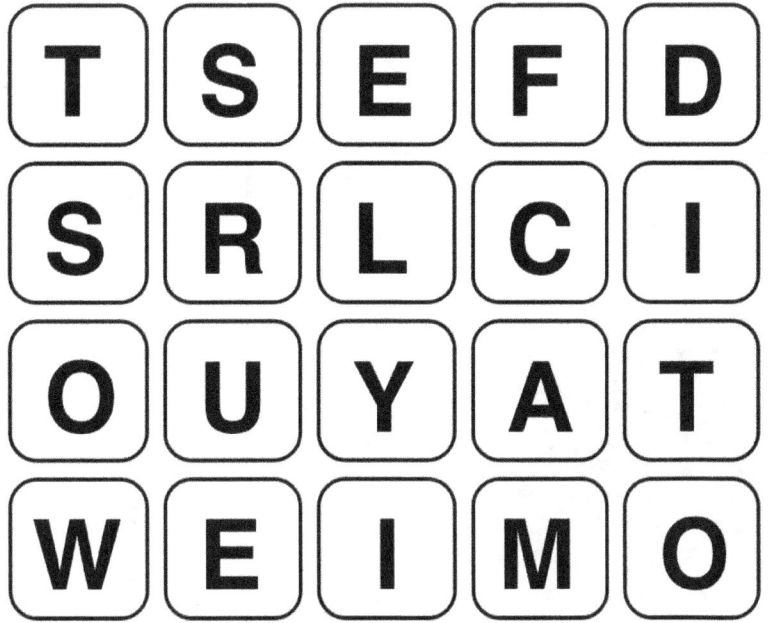

Challenges

Good: 6 words

Very Good: 15 words

Excellent: 29 words

Rules:

Words must have 4+ letters

Letters can only be used once

Each letter in a word must be next to the previous

Letters can be joined horizontally, vertically, or diagonally

R	T	D
N	**E**	W
E	K	O

Challenges

Good:
8 words

Very Good:
25 words

Excellent:
51 words

Rules:
Words must have 4 - 9 letters
A letter can only be used once
Center letter MUST be used

51

Word-Search 18

```
U N T C G P A B D I W P
G N F N I R E L A N D T
J B D I M Y K E J P S V
Y C Y E H R T L T N Q D
T G D M R A D A P T F E
T S B H T N B T Y B X F
A O W S E K M U G D N E
F V O T E C I L E Q L N
G R N Q G I F R E O G S
P I P O D C A S T S J E
K P O K S M U E T B Y V
S Y S T E M J D H S K B
```

PODCASTS	PROSTATE	DEFENSE
IRELAND	SYSTEM	INTEND
UNDER	EGYPT	FATTY

N	R	I	P	A
E	D	A	E	U
K	A	O	N	T
A	W	S	O	E

Challenges

Good: 6 words

Very Good: 16 words

Excellent: 30 words

Rules:

Words must have 4+ letters

Letters can only be used once

Each letter in a word must be next to the previous

Letters can be joined horizontally, vertically, or diagonally

F	A	L
F	**E**	I
A	I	T

Challenges

Good:
2 words

Very Good:
7 words

Excellent:
14 words

Rules:
Words must have 4 - 9 letters
A letter can only be used once
Center letter MUST be used

54

Word-Search 19

```
J Q P T R E K E E S P A
U N J W E S V L K R P V
P B P I C K S Q E P E H
G U U R T F S F L U U O
O J T M N J E A R N O B
G O F E E R W W G R G M
G I A L M M T E A K N B
E N V F G I R T W D I P
R I E F D W E V W T B E
Q N O V U S C O R D O Q
V G S R J J P H W B T G
A A T T A C K E D R I F
```

ATTACKED   JUDGMENT   JOINING
HUNGER   SEEKER   PREFER
RATES   BINGO   PICKS

55

_____ _____ _____ _____ _____

_____ _____ _____ _____ _____

_____ _____ _____ _____ _____

_____ _____ _____ _____ _____

_____ _____ _____ _____ _____

_____ _____ _____ _____ _____

Challenges

Good: 6 words

Very Good: 15 words

Excellent: 28 words

Rules:

Words must have 4+ letters

Letters can only be used once

Each letter in a word must be next to the previous

Letters can be joined horizontally, vertically, or diagonally

P	L	T
H	**P**	M
A	E	S

Challenges

Good:
8 words

Very Good:
25 words

Excellent:
51 words

Rules:
Words must have 4 - 9 letters
A letter can only be used once
Center letter MUST be used

57

Word-Search 20

```
M F K F G U D D E Y Q R
I M P O R T E D F O D M
W D K L H R U Y C S W B
I F D G S N U W I I L G
S E R Y I U N S E A P P
S A I O J T A T D Y N O
U E N R R H B E S F U M
E L I G P B S N C I G G
D B R M B N T B H L E W
T S E I N V I T E A B I
I S G R J C Q G Y U E O
E P A L U M N I J Q Y E
```

EMPHASIS	IMPORTED	QUALIFY
INVITE	ISSUED	BLADES
ALUMNI	UNION	BEGUN

58

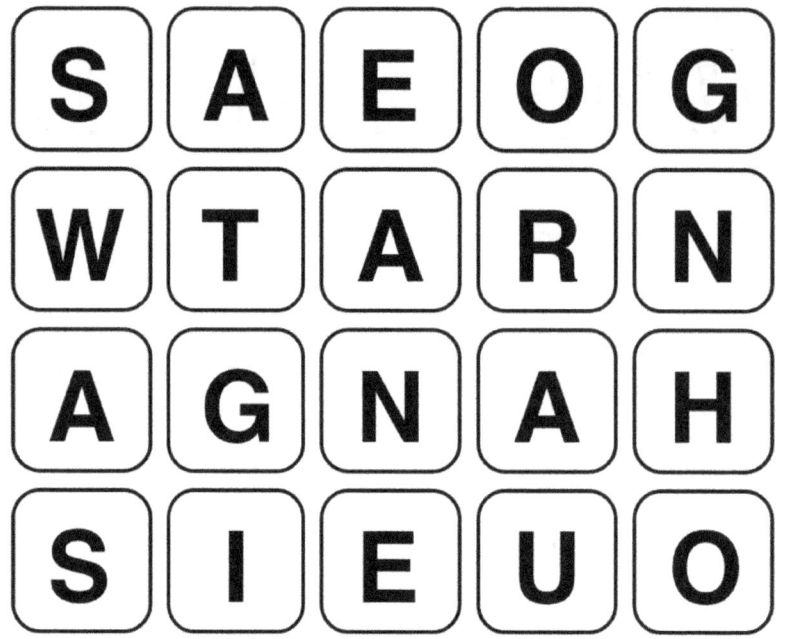

_____ _____ _____ _____ _____

_____ _____ _____ _____ _____

_____ _____ _____ _____ _____

_____ _____ _____ _____ _____

_____ _____ _____ _____ _____

_____ _____ _____ _____ _____

_____ _____ _____ _____ _____

Challenges

Good: 6 words

Very Good: 15 words

Excellent: 29 words

Rules:

Words must have 4+ letters

Letters can only be used once

Each letter in a word must be next to the previous

Letters can be joined horizontally, vertically, or diagonally

B	L	E
K	**S**	I
O	Y	T

Challenges

Good:
8 words

Very Good:
24 words

Excellent:
48 words

Rules:
Words must have 4 - 9 letters
A letter can only be used once
Center letter MUST be used

60

Word-Search 21

```
G N I A H W L D G O U Y
N Y F S D R O W Y E K F
C B B D R V R U R O H F
P E S A N U V I Q S A Y
G N H W C G C W H C R S
R J Y C B L O A A Y T E
A A O R O E R V V R N B
V M H I V B S A I E J C
I I J U H A K K C S U A
T N S S N L E A S S J W
Y M W V M N E K A T A Y
W D I V I D E H J Y B N
```

BENJAMIN   KEYWORD   GRAVITY
STRIKE   DIVIDE   NASCAR
OCCUR   TAKEN   LABEL

Challenges

Good: 9 words

Very Good: 22 words

Excellent: 41 words

Rules:

Words must have 4+ letters

Letters can only be used once

Each letter in a word must be next to the previous

Letters can be joined horizontally, vertically, or diagonally

E	N	S
R	**T**	V
O	O	E

Challenges

Good:
8 words

Very Good:
24 words

Excellent:
48 words

Rules:
Words must have 4 - 9 letters
A letter can only be used once
Center letter MUST be used

63

Word-Search 22

```
M P F Q V W F I M N M J
V Y L J U T A N P K A L
N N S A E O V Y T E R A
N M C Q S A T Q F R K N
E J T N D T N E O N I P
L J Q P H L I S D E N B
E S D D B P V C O L G J
H M B H M M C A S M V M
R E W A R D J Y V J C K
B W C C H A P T E R A O
J P A F M Y S N N D C U
Q A T N E G R U E B V A
```

PLASTICS CHAPTER MARKING
URGENT   QUOTED   REWARD
KERNEL   JEANS   HELEN

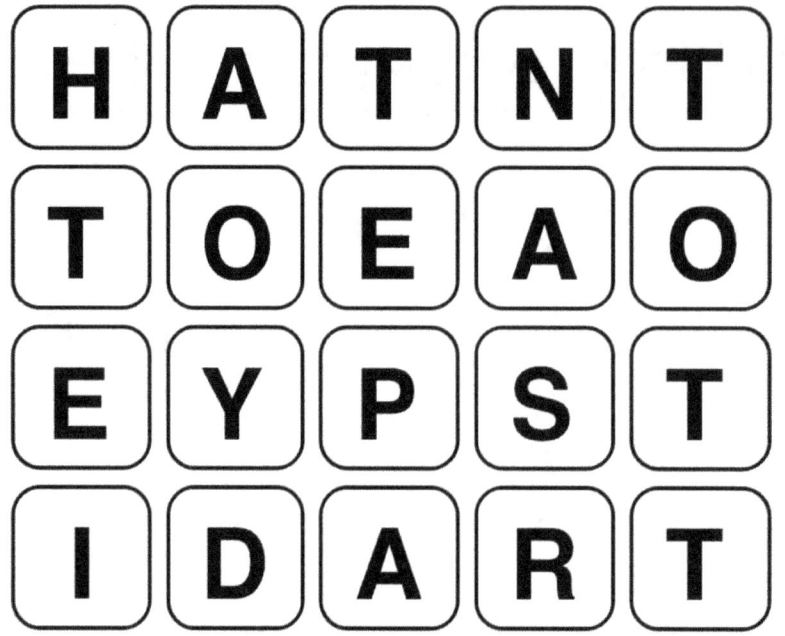

Challenges

Good: 8 words

Very Good: 20 words

Excellent: 36 words

Rules:

Words must have 4+ letters

Letters can only be used once

Each letter in a word must be next to the previous

Letters can be joined horizontally, vertically, or diagonally

N	I	E
S	**S**	E
R	W	A

Challenges

Good:
10 words

Very Good:
32 words

Excellent:
65 words

Rules:
Words must have 4 - 9 letters
A letter can only be used once
Center letter MUST be used

66

Word-Search 23

```
J I R M K D R I D J K V
W O D J F J L A O M F U
E H E B R E W K I L Y D
G Y W H P K H I N G W K
M U J T P Z S C G M N J
E H A E N M D S V O P L
R V I R N A K E N B V L
G K C U D T F A T L S T
E T G S M S C N B S O Y
H U M I D I T Y I F E T
F Q O T S M M P R Q M N
C V E D A I C U L I C W
```

HUMIDITY   NESTED   GUARDS
HEBREW   INFANT   MERGE
CANON   LUCIA   DOING

Challenges

Good: 8 words

Very Good: 19 words

Excellent: 35 words

Rules:

Words must have 4+ letters

Letters can only be used once

Each letter in a word must be next to the previous

Letters can be joined horizontally, vertically, or diagonally

E	O	N
D	**E**	C
D	U	N

Challenges

Good:
4 words

Very Good:
12 words

Excellent:
25 words

Rules:
Words must have 4 - 9 letters
A letter can only be used once
Center letter MUST be used

69

Word-Search 24

```
F M I C S R O O D T U O
R D Y P Y L D I P A R W
I N Q M H I M F Q Y E N
E U Y K T U U G J A S O
N O A E V Y J J P L W T
D D G N T T F O F C S S
B J E I T O N C U P Y E
Y B N P T S E B I W K R
R U M O T U I R P A D P
M W S P C H F P N J J B
A A S A L A V I N R A C
F H L I Y M Y R L K D R
```

CARNIVAL   OUTDOORS   WEAPONS
PRESTON   RAPIDLY   FRIEND
FOTOS   UNITY   DEPTH

70

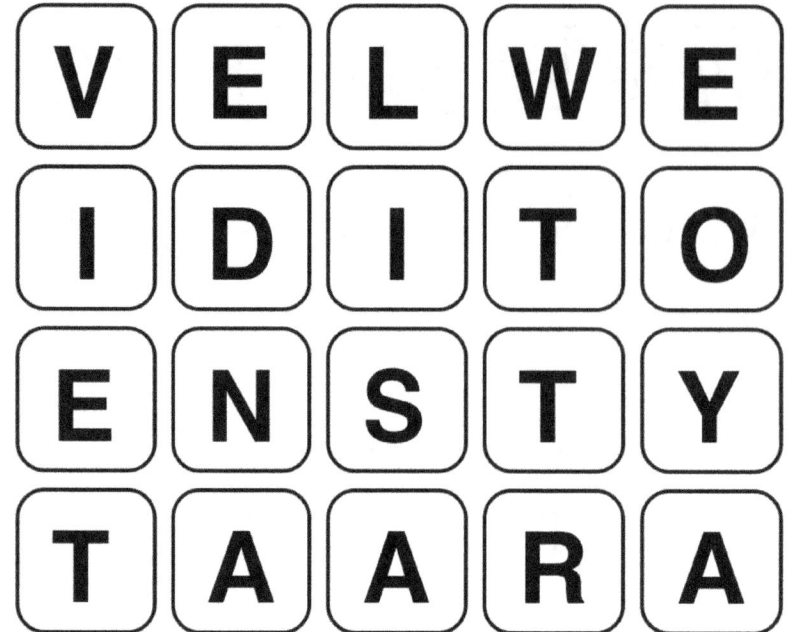

Challenges

Good: 9 words

Very Good: 23 words

Excellent: 42 words

Rules:

Words must have 4+ letters

Letters can only be used once

Each letter in a word must be next to the previous

Letters can be joined horizontally, vertically, or diagonally

I	F	R
N	**B**	E
F	U	G

Challenges

Good:
3 words

Very Good:
9 words

Excellent:
18 words

Rules:
Words must have 4 - 9 letters
A letter can only be used once
Center letter MUST be used

72

Word-Search 25

```
P M W E X E C U T E P L
E O M S Z E T N Y H A O
D G T N I L K N A R F N
I N K O B U B U J M Q P
I I E M G N N A Y M P L
R B E G J E C I S S Y U
E M V U M K T N O D S W
G U V L E W E H T N P Q
O L Y T T U O K E L S B
R P S B E H I E V R W A
B O L U B Y V C E B E Q
T L Q H A R T F O R D B
```

TOGETHER   FRANKLIN   PLUMBING
HARTFORD   EXECUTE   JACKETS
UNIONS   QUEUE   ROGER

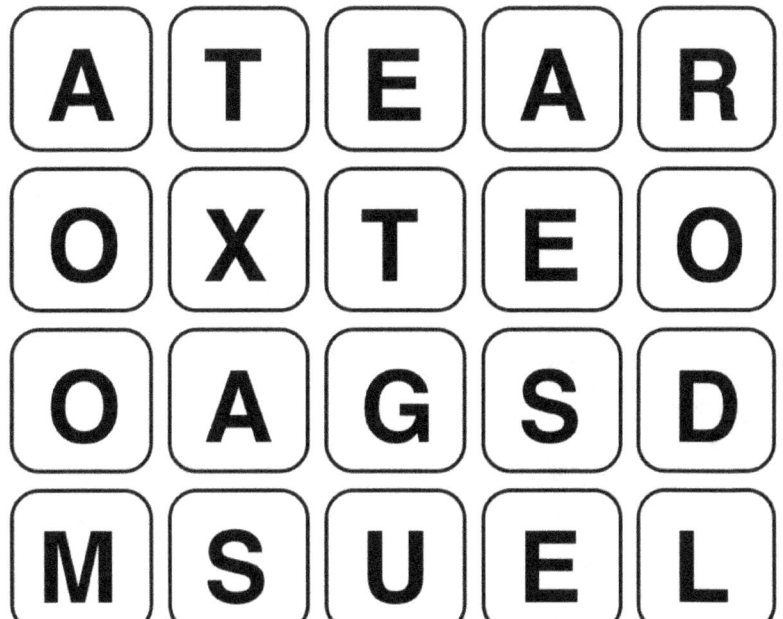

Challenges

Good: 7 words

Very Good: 17 words

Excellent: 31 words

Rules:

Words must have 4+ letters

Letters can only be used once

Each letter in a word must be next to the previous

Letters can be joined horizontally, vertically, or diagonally

Challenges

Good:
5 words

Very Good:
17 words

Excellent:
34 words

Rules:
Words must have 4 - 9 letters
A letter can only be used once
Center letter MUST be used

Grid letters: E T L / S E V / I L I (center: E)

75

Word-Search 26

```
A G U Q E L O C I N T D
E C S F Q M L G F W T L
I K T Y U Q T T I M O E
W U I V G N O S E V H D
S E C Q S O T R E P N E
A S K I W D E R J T K C
L I E H L H N W L Y B E
P R R F W Z G N E T S M
H N S O F K M S V H G B
I U N T N E C E R E N E
J S O T D O K G N S N R
G E D I T O R S W W Q P
```

STICKERS   DECEMBER   NOWHERE
EDITORS   SUNRISE   RECENT
NICOLE   LOVER   TWIST

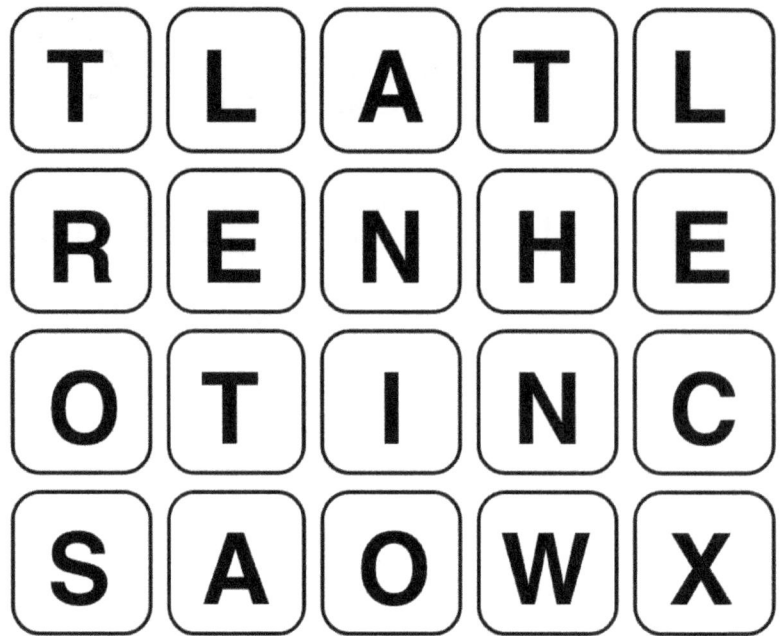

_____ _____ _____ _____ _____

_____ _____ _____ _____ _____

_____ _____ _____ _____ _____

_____ _____ _____ _____ _____

_____ _____ _____ _____ _____

_____ _____ _____ _____ _____

_____ _____ _____ _____ _____

Challenges

Good: 8 words

Very Good: 19 words

Excellent: 35 words

Rules:

Words must have 4+ letters

Letters can only be used once

Each letter in a word must be next to the previous

Letters can be joined horizontally, vertically, or diagonally

E	T	N
G	**A**	L
D	E	O

Challenges

Good:
9 words

Very Good:
29 words

Excellent:
59 words

Rules:
Words must have 4 - 9 letters
A letter can only be used once
Center letter MUST be used

78

Wrd-Search 27

```
Q M P C R E A C H E S J
F U H B D E C S S N E F
E E A H R Y P Q J L S J
H O N L T I C H S I P U
I E I S I I S O M H O N
L O A S A T F B G M Y L
T N P E I T Y L A G Q E
O U C R V J Q Y L N C S
N N U I L A R F T G E S
C J D P D J I F J K K C
O A W X V N O G E R O D
V A M E F Q I J A F D O
```

BRISBANE EXPIRES JELSOFT
REACHES QUALITY OREGON
UNLESS   HILTON   NASTY

79

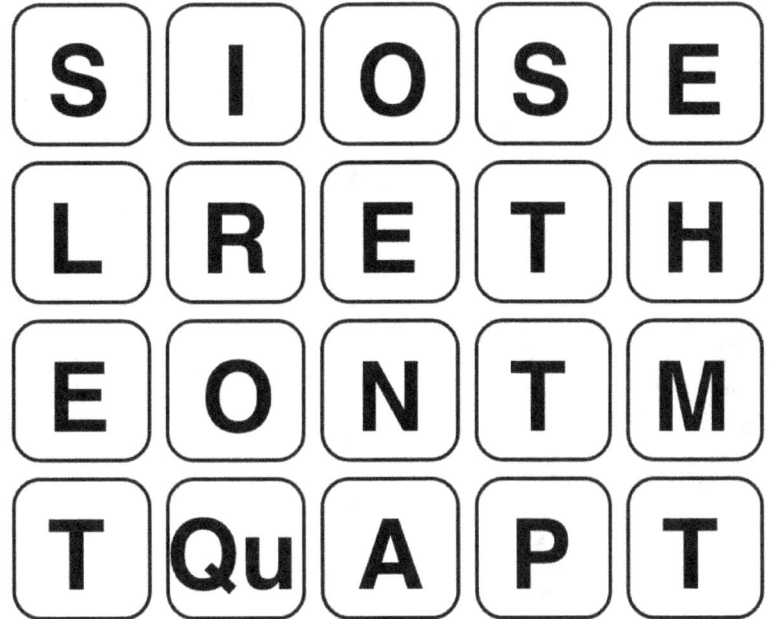

Challenges

Good: 7 words

Very Good: 18 words

Excellent: 33 words

Rules:

Words must have 4+ letters

Letters can only be used once

Each letter in a word must be next to the previous

Letters can be joined horizontally, vertically, or diagonally

X	I	N
U	**E**	C
L	O	S

Challenges

Good:
7 words

Very Good:
23 words

Excellent:
46 words

Rules:
Words must have 4 - 9 letters
A letter can only be used once
Center letter MUST be used

81

Word-Search 28

```
G P S D I T S H B S R D
A M J J O N A T H A N I
N N G K G I O W M D P M
I Y M W E W H N O I I T
M L F Y V K U M C L D K
A K V O M G I T L B C G
J O F S J N U I K R N R
N O Y H A R O P Y Q M A
E R J N E N V S F F N D
B B T F U L L Y M E C E
A D O F L B E C A M E S
F I D E N I M A X E V T
```

EXAMINED   BROOKLYN   BENJAMIN
DOMINANT   JONATHAN   PICTURE
MILLION   BECAME   GRADES

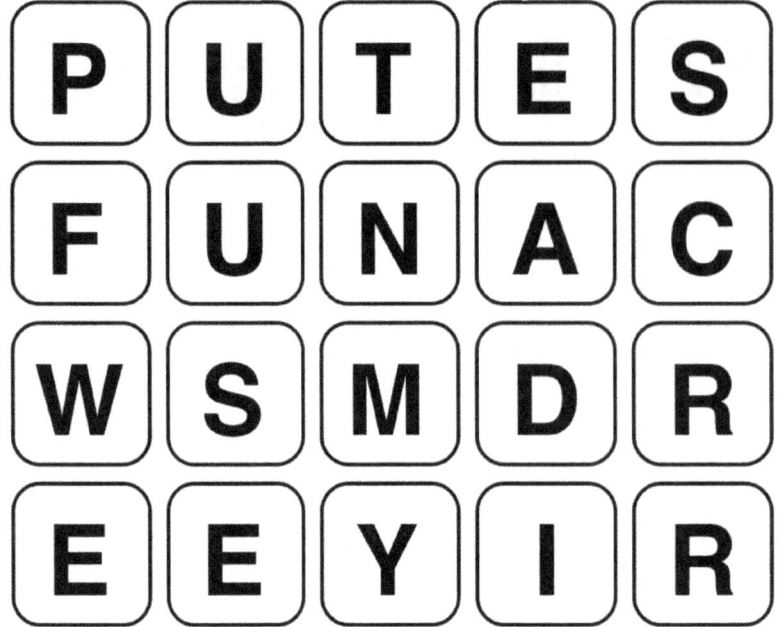

Challenges

Good: 8 words

Very Good: 20 words

Excellent: 36 words

Rules:

Words must have 4+ letters

Letters can only be used once

Each letter in a word must be next to the previous

Letters can be joined horizontally, vertically, or diagonally

E	T	E
A	**S**	U
L	V	A

Challenges

Good:
7 words

Very Good:
23 words

Excellent:
46 words

Rules:
Words must have 4 - 9 letters
A letter can only be used once
Center letter MUST be used

84

Word-Search 29

```
L U Q M Y C A V I R P L
T F H K U M D S C H T G
M U U E H B F E L G A E
F L O V I A Y F K P I C
G Y R C L L L R V M P H
N L B U L K B I M M S A
I B N E H I V O F T M N
T M K B M T G H N A P C
E E N R C U R E S W X E
E S G Y J S M A T O O K
R S H O T O O D O D Q T
G A S J M J P W F G U Y
```

ASSEMBLY	GREETING	PRIVACY
MOMENTS	HALIFAX	ARTHUR
CHANCE	KELLY	EAGLE

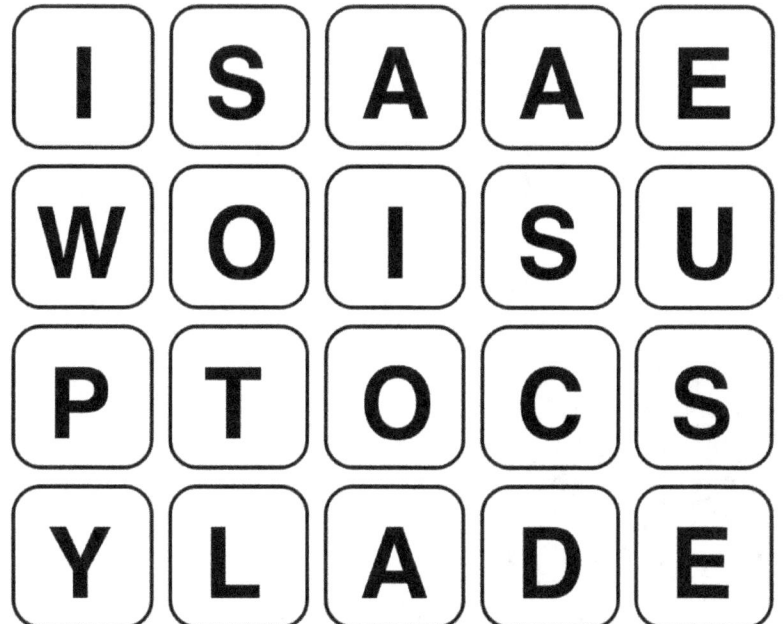

Challenges

Good: 6 words

Very Good: 15 words

Excellent: 28 words

Rules:

Words must have 4+ letters

Letters can only be used once

Each letter in a word must be next to the previous

Letters can be joined horizontally, vertically, or diagonally

E	N	I
S	**E**	N
T	O	X

Challenges

Good:
5 words

Very Good:
15 words

Excellent:
31 words

> **Rules:**
> Words must have 4 - 9 letters
> A letter can only be used once
> Center letter MUST be used

87

Word-Search 30

```
L B L F U T L A R T X E
C T K A Q G M B A J C B
K C W T I A W U K R O M
P E C A M T T G L R U G
D N R K C A M T R U R R
B G S E N M R J H L T O
J A O Q C O W T V K E U
N G L P B I C M L Y S N
I E V U B T P K A U Y D
J D O G J V B E R T P R
O Q Q N O V T U L S A C
O P Y G E A N J B P W J
```

COURTESY   ENGAGED   RECIPE
ULTRAM   KUWAIT   GROUND
KNOCK   TULSA   EXTRA

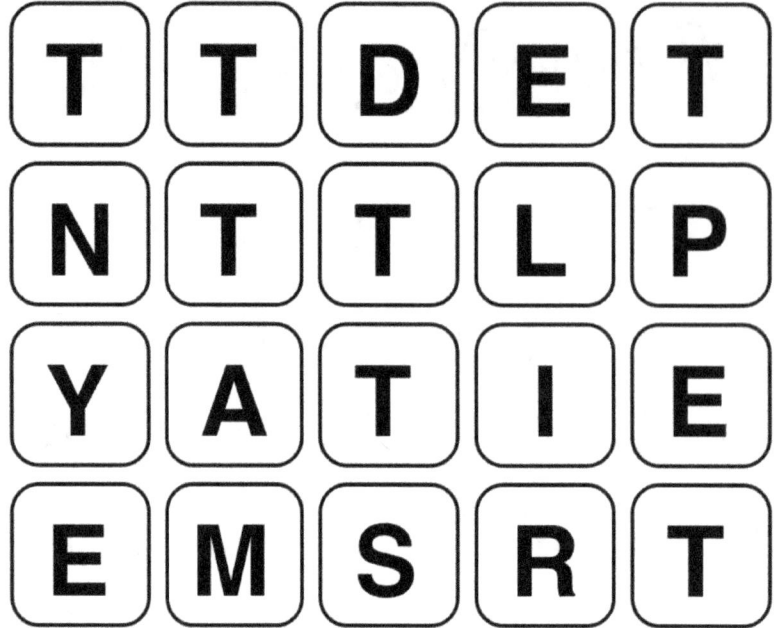

Challenges

Good: 6 words

Very Good: 15 words

Excellent: 28 words

Rules:

Words must have 4+ letters

Letters can only be used once

Each letter in a word must be next to the previous

Letters can be joined horizontally, vertically, or diagonally

C	E	I
S	**O**	I
D	L	U

Challenges

Good:
6 words

Very Good:
18 words

Excellent:
37 words

Rules:
Words must have 4 - 9 letters
A letter can only be used once
Center letter MUST be used

90

Word-Search 31

```
T S E C N E E D W C C K
R T C J Q B E A N S K T
E H R K E R R E L E E R
B R E Q Q L J R A J Y O
Y F Q E G B B T Q D H Q
A M B J R O R I S D N W
M F P S Q C R G X R N K
L D Q U M A C E A E I V
Y I E G B J U J D A L F
Q V G A E C N V A N U F
N A Y T T E R P H S U L
D D V D E L T I T N U T
```

FLEXIBLE   UNTITLED   PRETTY
FIRST   JACOB   BEANS
DAVID   UNDER   MAYBE

91

Challenges

Good: 7 words

Very Good: 16 words

Excellent: 30 words

Rules:

Words must have 4+ letters

Letters can only be used once

Each letter in a word must be next to the previous

Letters can be joined horizontally, vertically, or diagonally

O	S	T
A	**B**	S
E	L	U

Challenges

Good:
12 words

Very Good:
37 words

Excellent:
74 words

Rules:
Words must have 4 - 9 letters
A letter can only be used once
Center letter MUST be used

93

Word-Search 32

```
T E X T U R E G P A K D
N L E N T E R O W T L M
A R O B H E G D B L B H
I I W M L C D E F Q F I
K A V V S O T A U E E N
A N A I D T U A W D K W
V E N U E E N E I G B S
O R Q R P T E S L E G Q
L A O V I M E R B B B E
S K S T P B Y I B N I K
C B Y P K A A R D G B L
C H O I C E B E F H T J
```

QUANTITY   SLOVAKIA   TEXTURE
BETTER   BESIDE   CHOICE
ENTER   BREED   KAREN

94

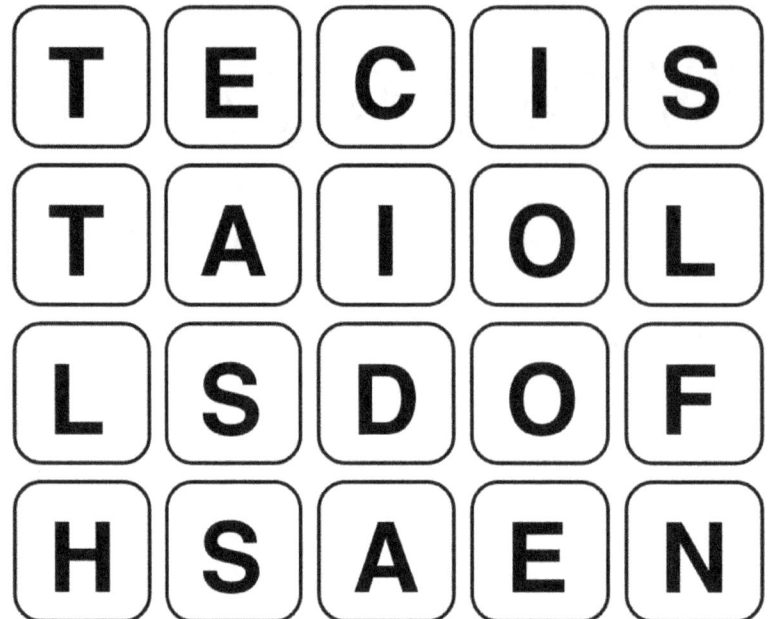

___ ___ ___ ___ ___

___ ___ ___ ___ ___

___ ___ ___ ___ ___

___ ___ ___ ___ ___

___ ___ ___ ___ ___

___ ___ ___ ___ ___

___ ___ ___ ___ ___

Challenges

Good: 7 words

Very Good: 17 words

Excellent: 31 words

Rules:

Words must have 4+ letters

Letters can only be used once

Each letter in a word must be next to the previous

Letters can be joined horizontally, vertically, or diagonally

N	U	A
D	**S**	G
A	I	R

Challenges

Good:
8 words

Very Good:
26 words

Excellent:
53 words

Rules:
Words must have 4 - 9 letters
A letter can only be used once
Center letter MUST be used

96

Word-Search 33

```
W Y D H L E W Y D S D W
I N Y I C A T W E E D N
L W A G G R T A B M E J
A F Q T I N Q T F N V A
C A G P Q P O R E V I B
C C Y N G G O R L R A Q
A T I B I I N R E H N N
D O Q Q R M C D W D T A
O R Q E V U I O E S N M
H P T L U I C T G S W O
L X O C E V Y R R E F F
E K I D N E Y S L A E D
```

EXTERIOR   IGNORED   DEVIANT
TIMING   FACTOR   LATTER
KIDNEY   DEALS   FERRY

Challenges

Good: 11 words

Very Good: 26 words

Excellent: 48 words

Rules:

Words must have 4+ letters

Letters can only be used once

Each letter in a word must be next to the previous

Letters can be joined horizontally, vertically, or diagonally

T	E	P
D	**I**	S
S	S	E

Challenges

Good:
5 words

Very Good:
15 words

Excellent:
31 words

Rules:
Words must have 4 - 9 letters
A letter can only be used once
Center letter MUST be used

99

Word-Search 34

```
A D W V A L L E Y C H C
K B V C P O C J F I H A
Q B A K N W B V N E M N
D W S P C R Y S S G O A
R I F P S Y E T U U M D
I U F P Q C E I U L E I
N Q O F T K D E O E N A
K Y Y S C A G S L E T N
I U H I N Y M M I J U T
N M T C M K G K W B M V
G G E M M W K F D S N J
R Y Y M A E R D L V F H
```

GUIDANCE	MOMENTUM	CANADIAN
DRINKING	TICKETS	INSECTS
VALLEY	DREAM	JIMMY

E	G	K	A	A
O	A	N	L	S
L	I	R	E	M
N	S	C	Y	M

___ ___ ___ ___ ___

___ ___ ___ ___ ___

___ ___ ___ ___ ___

___ ___ ___ ___ ___

___ ___ ___ ___ ___

___ ___ ___ ___ ___

___ ___ ___ ___ ___

Challenges

Good: 8 words

Very Good: 20 words

Excellent: 38 words

Rules:

Words must have 4+ letters

Letters can only be used once

Each letter in a word must be next to the previous

Letters can be joined horizontally, vertically, or diagonally

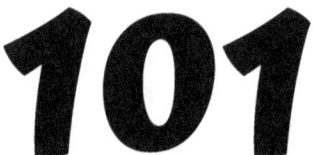

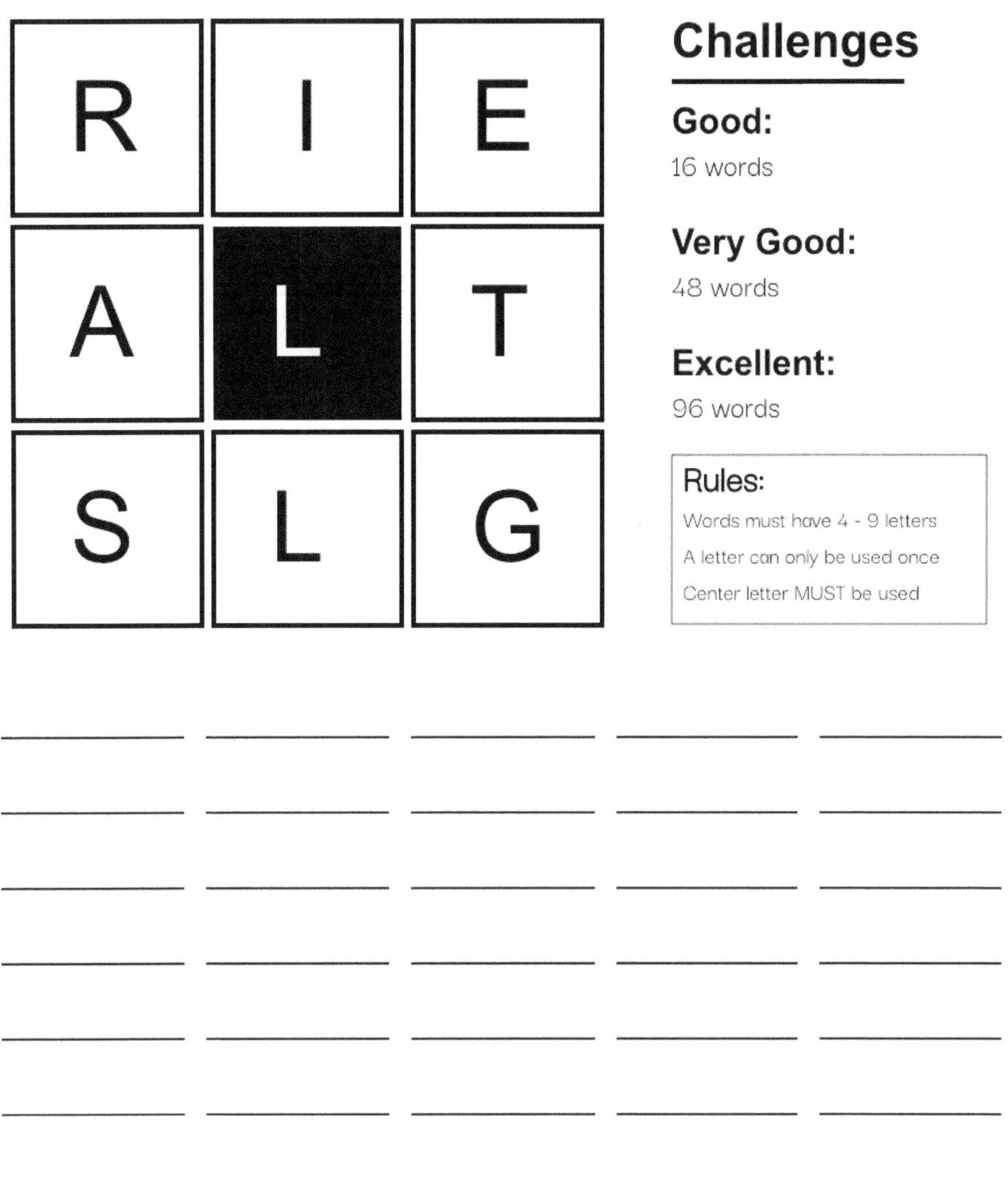

Challenges

Good:
16 words

Very Good:
48 words

Excellent:
96 words

Rules:
Words must have 4 - 9 letters
A letter can only be used once
Center letter MUST be used

102

Word-Search 35

```
J F Q P E B B W H U P I
C W L Y W M J B K K C F
L N N Q U E U E A E B T
Y K S E L O R V T D C E
H E J C L U Y H F A U K
R N E S L A G J Y G W C
U T T R D U T C N Q T O
N U A E O E R E B J J P
W C R O M M R W X K E Y
Y K E O A A W I B O V R
S Y P Q H C L U F W T F
C W O W V H R F W J J N
```

KENTUCKY   OPERATE   POCKET
FLAME   OUGHT   QUEUE
LATEX   FIRED   ROLES

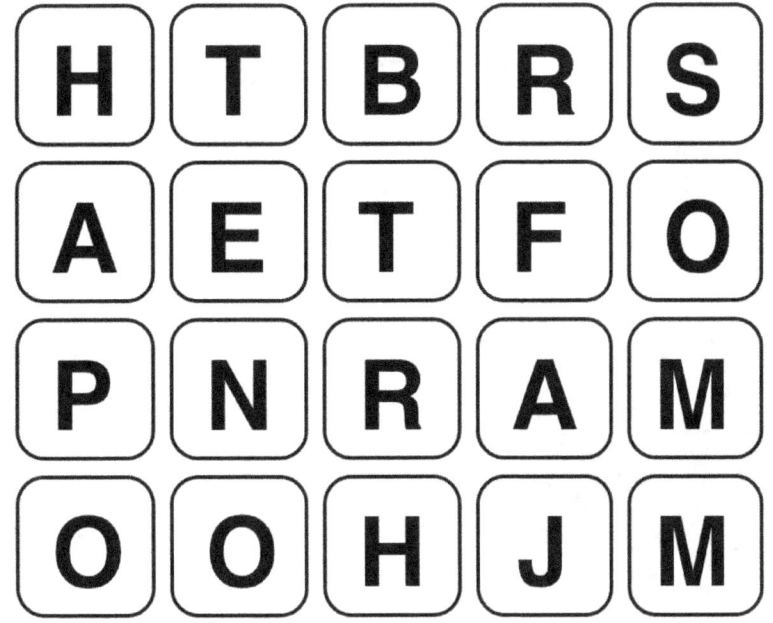

Challenges

Good: 6 words

Very Good: 16 words

Excellent: 29 words

Rules:

Words must have 4+ letters

Letters can only be used once

Each letter in a word must be next to the previous

Letters can be joined horizontally, vertically, or diagonally

104

E	F	I
R	**I**	G
D	T	A

Challenges

Good:
7 words

Very Good:
21 words

Excellent:
42 words

Rules:
Words must have 4 - 9 letters
A letter can only be used once
Center letter MUST be used

105

Word-Search 36

```
K C H C W N S G S O C Y
P I D D E S U A C F E O
H R N Q R M O D N S T W
T C O H E L C V C U A W
L U R T M E Y A R L N I
D L M N O P P N F T I T
T A A O V E E R V T E W
N R L A E D E C H S G Y
W J G H D D M L J F U V
U K Q F L W Q B O C A J
R A I W A G T G E A E U
U Y C H R O N I C Q S A
```

CIRCULAR	REMOVED	CHRONIC
CAUSED	ALFRED	TURNED
NORMAL	ESCAPE	JACOB

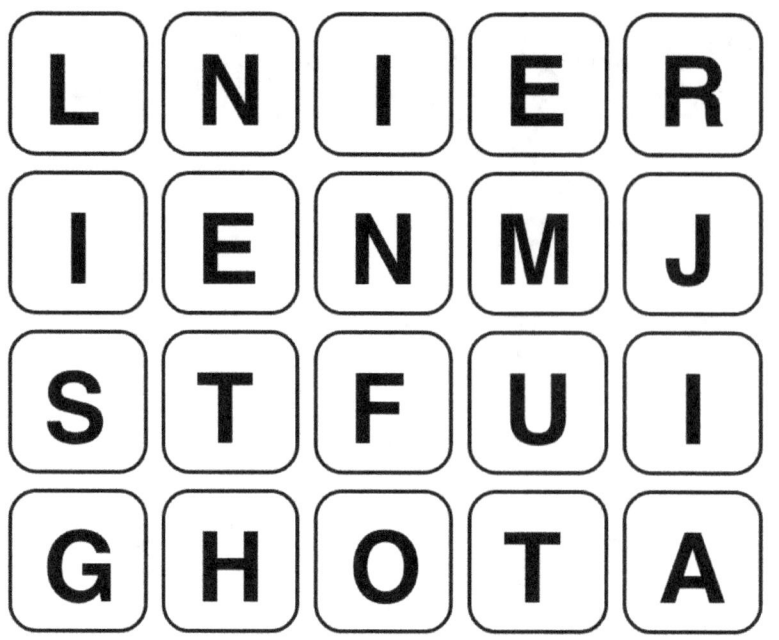

Challenges

Good: 6 words

Very Good: 16 words

Excellent: 29 words

Rules:

Words must have 4+ letters

Letters can only be used once

Each letter in a word must be next to the previous

Letters can be joined horizontally, vertically, or diagonally

Grid

```
I | O | M
G | N | D
L | R | E
```

Challenges

Good: 11 words

Very Good: 33 words

Excellent: 67 words

Rules:
Words must have 4 - 9 letters
A letter can only be used once
Center letter MUST be used

108

Word-Search 37

```
S K V E J K E V I N U A
D J U N C T I O N K G G
D L D H D Y A J M E H A
J H J O H J Y A J Y B B
P W A B Q N C C J B D R
I R N N Y I P K P O J I
F D O D D S Y E F A H E
J P L P E B R T W R E L
P V I V E P O S H D I Y
S T D O O R O O I H I M
L L O L K E S H K N M D
M C W Q W J S N E Z O D
```

HANDBOOK   JUNCTION   KEYBOARD

JACKETS   GABRIEL   DOZENS

PROPER   HOPED   KEVIN

Challenges

Good: 9 words

Very Good: 23 words

Excellent: 42 words

Rules:

Words must have 4+ letters

Letters can only be used once

Each letter in a word must be next to the previous

Letters can be joined horizontally, vertically, or diagonally

K	O	Y
R	**S**	B
E	A	D

Challenges

Good:
11 words

Very Good:
34 words

Excellent:
69 words

Rules:
Words must have 4 - 9 letters
A letter can only be used once
Center letter MUST be used

111

Word-Search 38

```
A C N C G B L N K C V G
Q V W H I G H W A Y I Y
F W E N I L T U O Q R F
S E A E W T H V L C T S
R H D H U C S T H S K C
A O V C Q S P E E P T F
T S I A L T L T G J S Q
D C S P W C A A Q G Q J
L A O A I L V B N U I Q
D R R S E J T J R G B B
K M Y R T I Y Y B F I W
J U R E Q U E S T S B S
```

ADVISORY   REQUESTS   RELATES

BIGGEST   SIGNALS   OUTLINE

HIGHWAY   APACHE   OSCAR

Challenges

Good: 7 words

Very Good: 18 words

Excellent: 34 words

Rules:

Words must have 4+ letters

Letters can only be used once

Each letter in a word must be next to the previous

Letters can be joined horizontally, vertically, or diagonally

113

E	Z	M
O	**D**	M
E	I	R

Challenges

Good:
3 words

Very Good:
9 words

Excellent:
18 words

Rules:
Words must have 4 - 9 letters
A letter can only be used once
Center letter MUST be used

114

Word-Search 39

```
W C F W B N M P S E T C
S S R J T N C Y G P A O
Y N O O C O N T A I N J
U A U H W B P M N D C O
E I V C L E M J S U L I
L D T N T P A O L M D N
E R O R M J O L E S V S
L A K V U R J M T G M E
C U V J G F B J O H V H
N G W A R E V S R Q K O
U C N K R N W O N K N U
B I T R O B I N S O N W
```

GUARDIAN	ROBINSON	CONTAIN
UNKNOWN	WEALTH	MEMBER
ORGAN	UNCLE	JOINS

115

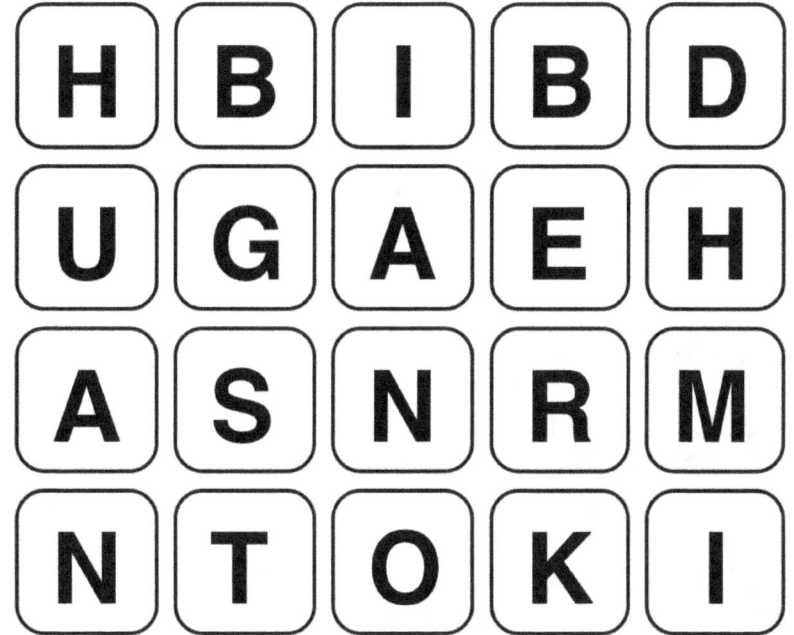

_____ _____ _____ _____ _____

_____ _____ _____ _____ _____

_____ _____ _____ _____ _____

_____ _____ _____ _____ _____

_____ _____ _____ _____ _____

_____ _____ _____ _____ _____

Challenges

Good: 8 words

Very Good: 21 words

Excellent: 38 words

Rules:

Words must have 4+ letters

Letters can only be used once

Each letter in a word must be next to the previous

Letters can be joined horizontally, vertically, or diagonally

I	H	T
C	**T**	S
A	R	E

Challenges

Good:
20 words

Very Good:
60 words

Excellent:
121 words

Rules:
Words must have 4 - 9 letters
A letter can only be used once
Center letter MUST be used

117

Word-Search 40

```
G  H  S  L  A  N  I  F  Q  U  B  C
O  F  A  B  U  L  O  U  S  C  D  G
L  E  G  E  N  D  S  R  C  P  V  U
O  F  N  E  T  Y  K  N  Y  J  Y  R
K  S  S  D  C  V  D  R  G  Y  A  F
D  H  E  E  J  E  T  L  R  Y  L  I
O  R  V  K  G  S  W  I  C  H  P  N
N  E  A  B  E  N  U  J  Y  J  S  G
O  N  M  R  U  Q  A  E  J  R  I  E
R  M  O  E  N  M  N  H  C  E  D  R
S  F  V  E  O  F  Q  S  C  R  K  G
V  I  O  F  D  Y  N  J  S  F  U  N
```

FABULOUS   FORESTRY   ENQUIRY
DISPLAY   LEGENDS   CHANGES
FINGER   DONORS   FINALS

118

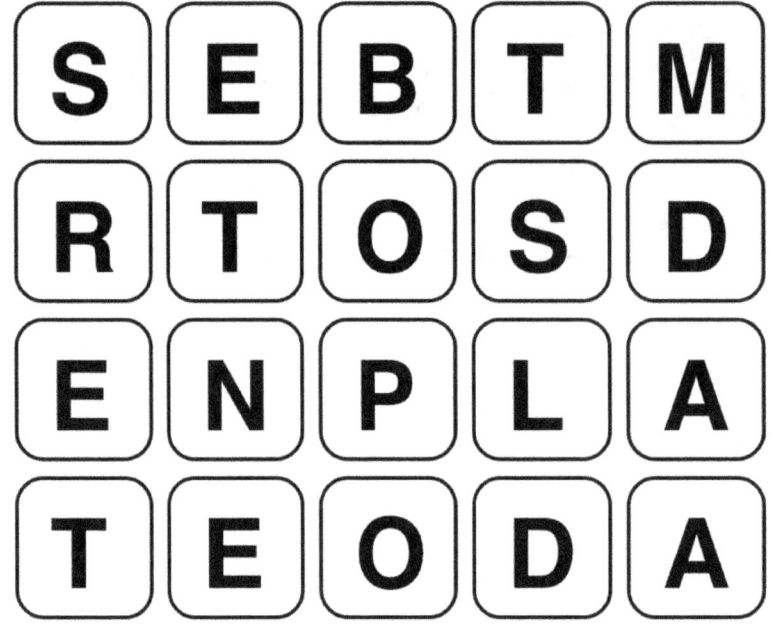

Challenges

Good: 7 words

Very Good: 17 words

Excellent: 32 words

Rules:

Words must have 4+ letters

Letters can only be used once

Each letter in a word must be next to the previous

Letters can be joined horizontally, vertically, or diagonally

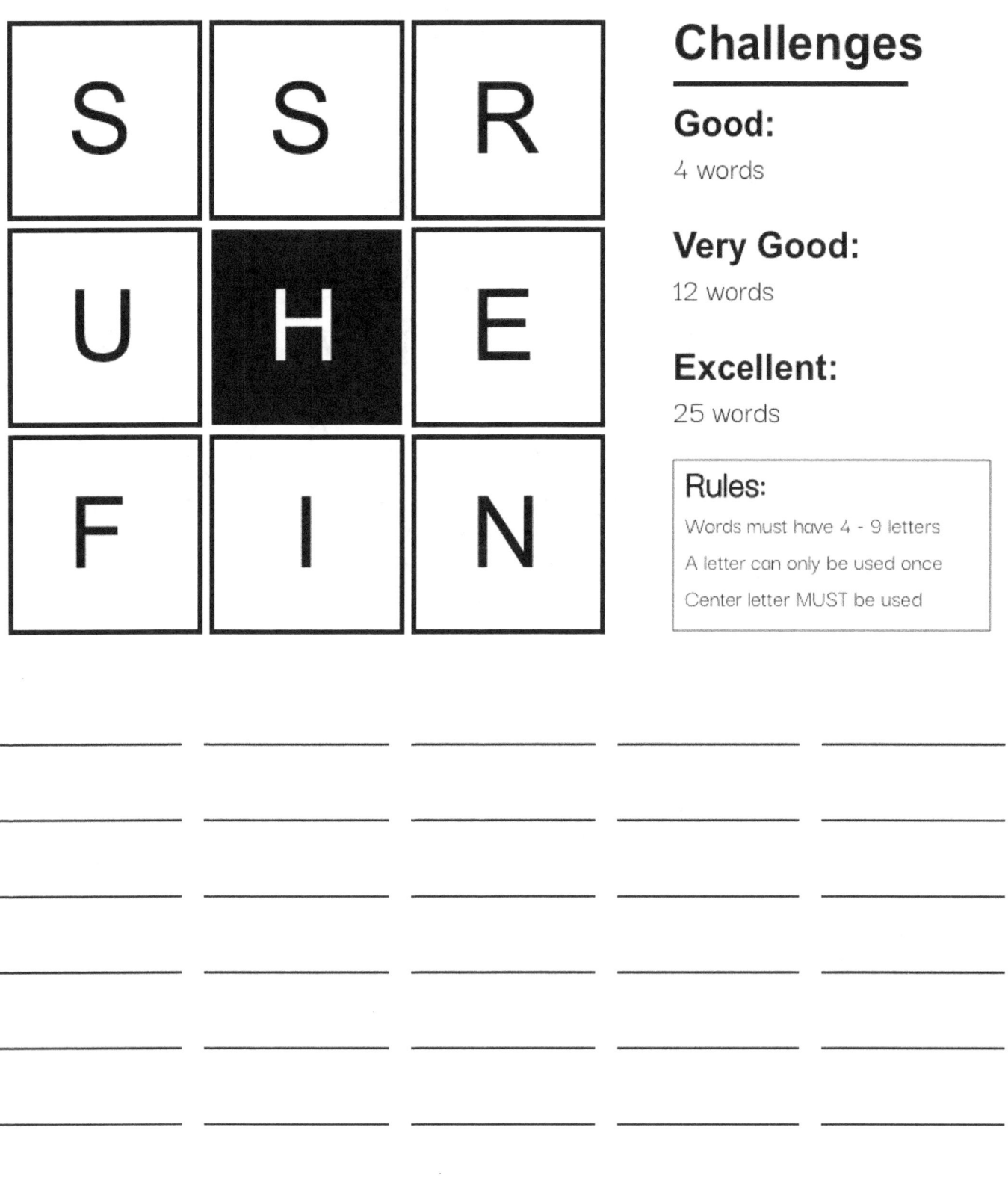

Solution 1

```
J P X C I Y J K S P L W
P S S U S A N W L F Y V
L E E J S W U U Z Q A R
A G M Y D D N I J V D C
N K H D M I N L B I G A
N P S U T Y A O V W C L
E I L Y H D U I C Z X V
R M J G D A N G Z E J I
M M K E G G P N J S S N
S P R V N D E K I U P R
O H F O B O O K I N G V
H T C O U R S E C Q I W
```

SECONDS   PLANNER   BOOKING

LADDER   COURSE   CALVIN

DIVING   UNITY   SUSAN

Solution 2

```
S T R H N
T Y S O L
L C P T O
E E A E U
```

Total: 144

ACTS	ATOP	CAPE	CAPON	CAPS	CAPTOR	
CAPTORS	CATS	CELT	CELTS	CEPS	CLEAT	CLEATS
CYST	CYSTS	EATON	EATS	ELECT	ELECTS	EPEE
EPOS	EPSON	HOOT	HOOTS	HOPE	HOPS	HORS
HORSY	HOST	HOSTS	HOTS	LEAP	LEAPS	LEAPT
LEPTON	LOON	LOOP	LOOPS	LOOPY	LOOT	LOOTS
LOPE	LOPS	LOST	LOTS	LOUT	LOUTS	LYSOL
NOLO	NOSH	NOSY	NOTA	NOTAE	NOTE	OOHS
OOPS	OPEC	OPTS	OUTPACE	OUTPOST	OUTPOSTS	OUTS
PACE	PACT	PACTS	PATE	PATS	PATSY	PEACE
PEAT	PEEL	PELT	PELTS	PETS	POLO	POOL
PORT	PORTS	POSH	POST	POSTACT	POSTS	POSY
POTS	ROOT	ROOTS	ROPE	ROPY	ROSH	ROSY
ROTA	ROTE	ROTS	SCAT	SHOO	SHOOT	SHOP
SHORT	SHORTS	SHOT	SOLO	SOOT	SORT	SORTS
SPACE	SPAT	SPATE	SPEC	SPELT	SPOOL	SPORT
SPORTS	SPORTY	SPOT	STEP	STOOL	STOOP	STOP
STORY	STROP	STROPS	STYLE	TACT	TAPE	TAPS
TOOL	TOPE	TOPS	TOPSY	TORT	TORTS	TORY
TROP	TROPE	TROT	TROTS	TRYST	TYPE	TYPO
TYPOS	TYRO	TYROL	TYROS	TYSON		

Solution 3

4 Letter Words **Words: 10**

aria   aura   iran   nark   rain   rank   rink   ruin

5 Letter Words

6 Letter Words

7 Letter Words

iranian

8 Letter Words

9 Letter Words

ukrainian

Solution 4

```
B H S H R D Q U P R F I
G D T E R A W D R A H M
R Q G I L A N R E T X E
A V E V M J H H F M S K
O D N V F E I U P F D J
E W I X I E L D U O Q A
N S M S W D E I E H U M
D F B Q C D E Q N U I A
Q S C H I O V N U E L I
G C D U R U W P C P T C
L D G R M P S L W E O A
S U I T E S F O J C N D
```

TIMELINE   EVIDENCE   EXTERNAL

HARDWARE   JAMAICA   SUITES

GUIDED   QUILT   DISCO

Solution 5

```
D R T A R
H S L D I
S T E L P
O I M T M
```

Total: 136

AIDE	AIDES	AILED	ALES	ALTO	ALTOS	ALTS
ARID	ARIL	DALE	DALES	DEIST	DEISTS	DELI
DELL	DELLS	DELS	DELTA	DEMI	DIAL	DIALS
DILL	DILLS	DRAT	DRILL	DRILLS	DRIP	ELLA
ELLS	EMIT	EMITS	IDEM	IDES	IDLE	IDLES
ILLS	ITEM	LADE	LADES	LADLE	LADLES	LAID
LAIR	LARD	LEIS	LESS	LEST	LETS	LIAR
LIDLESS	LIRA	MEDAL	MEDALS	MEDIA	MEDIAL	MEDLAR
MELD	MELT	MELTS	MESH	MESS	METH	METHS
METS	MISS	MISSED	MIST	MISTED	MISTS	MITE
MITES	PILE	PILED	PILES	PILL	PILLAR	PILLED
PILLS	PLED	RAID	RAIL	RAILED	RATS	RIAL
RIALS	RIALTO	RIDE	RIDES	RILE	RILED	RILES
RILL	RILLS	SELL	SEMI	SETH	SETS	SIESTA
SITE	SITED	SITES	SITS	SLAT	SLED	SOIT
SOTS	STAID	STAIR	STALE	STALED	STALL	
STALLED	STAR	STELLAR	STEM	STET	STIES	TAIL
TAILED	TALE	TALES	TALL	TALLEST	TELL	TELLS
TEST	TESTIS	TESTS	TIED	TIES	TIME	TIMED
TIMES	TIMET	TOSS	TOSSED			

Solution 6

Words: 68

4 Letter Words

airs	aril	arts	iras	lair	liar	lira	rail	rats
rial	ruat	rust	ruts	sari	sirs	slur	star	stir
tars	tart	ussr						

5 Letter Words

arils	artis	astir	lairs	liars	liras	rails	
rials	rusts	saris	sitar	slurs	stair	stars	
start	stirs	strut	sutra	tarsi	tarts	trail	
trait	trial	truss	trust	ultra			

6 Letter Words

artist	ritual	russia	sitars	stairs	starts
strait	struts	sutras	tarsus	trails	traits
trials	trusts				

7 Letter Words

artists	rituals	starlit	straits	titular

8 Letter Words

altruist

9 Letter Words

altruists

Solution 7

```
P Q L D M X Y Y W I S X
D G D W G C H C P T V W
M C V D J A G U A R J U
R M M C E S P L Q V B H
T U K W G S P U Y W I N
R L I E K A S T O G I T
A T N V B I I E H H B D
E I D O P L J L C L P L
L P S W A I A I S C O C
C L N U K N N D J D A M
U E Q C D S H L M I D V
N B V N H U A C U T E C
```

ACCESSED   HIGHLAND   MULTIPLE

QUALITY   NUCLEAR   KIJIJI

JAGUAR   ACUTE   KINDS

Solution 8

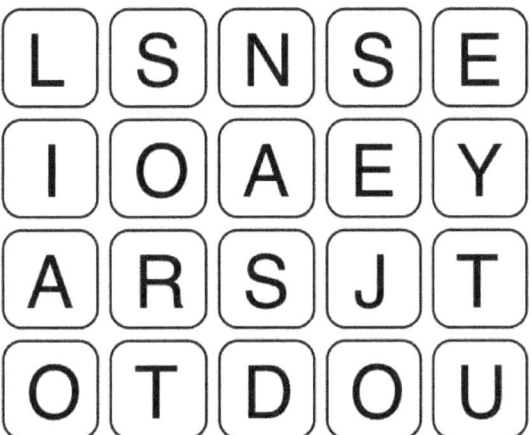

Total: 156

AILS	AIRS	ANSI	AORTA	ARIA	ARIL	ARILS	AROSE	ARSON
ARTS	ASIA	ASTORIA	DOSE	DOSES	DOTE	DOTES	DRAT	DRONE
DRONES	EARS	EASE	EAST	EASY	EYES	IONS	IRAN	IRAS
IRON	IRONS	JANE	JANET	JARS	JASON	JEAN	JEANS	JEST
JOSE	JUTE	LIAR	LIARS	LION	LIONS	LIRA	LIRAS	LISA
LOAN	LOANS	LONE	LORAN	LORD	LORDS	LORI	LOSE	LOSES
LOST	NEAR	NEARS	NEST	NOIR	NORSE	NOSE	NOSES	NOSEY
NOSTRIL	NOSTRILS	NOSTRO	OARS	OASES	OATS	OILS	ONES	ONSET
ORION	ORISON	ORISONS	RAIL	RAILS	RAISON	RAISONS	RASE	RASES
RATS	ROAN	ROANS	ROAST	ROIL	ROILS	ROSE	ROSES	ROTA
ROTS	SANE	SANEST	SANS	SARA	SARI	SARIS	SEAN	SEAR
SEARS	SEAS	SEASON	SEASONS	SEEN	SEES	SENSE	SENSOR	
SENSORS	SILO	SILOS	SIRS	SNORT	SNORTS	SOAR	SOARS	SOIL
SOILS	SOLI	SOLIS	SONAR	SONS	SORT	SORTS	STAIR	STAR
TAIL	TAILOR	TAILORS	TAILS	TARO	TAROS	TARS	TEAR	TEARS
TEAS	TEASE	TEES	TENOR	TENORS	TENS	TENSE	TENSOR	
TENSORS	TEST	TORSO	TORSOS	TRAIL	TRAILS	TRIO	TRIOS	
UTENSIL	YEAR	YEARS	YEAS	YEAST	YENS			

Solution 9

4 Letter Words **Words: 38**

bile   bled   boil   bold   bole   deli   dole   doli
emil   idle   idol   lied   limb   lime   limo   lobe
lode   meld   mild   mile   moil   mold   mole

5 Letter Words

limbo   limed   lobed   mobil   model   oiled
oldie

6 Letter Words

boiled   emboli   libido   mobile   moiled

7 Letter Words

idolize

8 Letter Words

mobilize

9 Letter Words

mobilized

Solution 10

```
I  N  R  E  M  O  V  A  L  G  M  R
H  T  H  E  A  T  R  E  Q  W  G  T
D  T  K  S  B  S  C  N  I  S  J  I
O  J  B  T  P  G  R  U  T  A  O  C
E  T  B  E  H  T  U  C  N  I  I  K
W  F  B  G  G  S  A  S  O  N  N  E
W  U  V  G  S  T  P  K  I  R  S  T
O  B  D  D  N  Q  N  T  S  I  G  E
F  I  R  O  O  O  G  T  S  E  G  N
K  A  C  J  S  P  P  R  A  K  J  P
Y  G  H  A  F  U  D  J  P  C  W  N
H  B  J  F  R  E  E  B  S  D  G  T
```

CONTACTS   PASSION   THEATRE

REMOVAL   FREEBSD   TICKET

JASON   YARDS   JOINS

Solution 11

```
H S W A S
A S E C R
T E T O T
W A H T E
```

Total: 144

ACES	ACETATE	ACETATES	ACTA	ACTE	ACTES	ACTOR
ACTORS	ACTS	ARCS	ASCOT	ASCOTS	ASSET	AWES
CARS	CART	CARTE	CAWS	COTS	COTTA	CRAW
CRAWS	EARS	EASE	EASES	EAST	EATS	ESSE
ESTATE	ESTATES	HASTE	HATE	HATES	HATS	HEAT
HEATS	HESS	HOES	HORA	HORACE	HORAE	HORS
HOTS	HOTTEST	OCAS	OCRS	OCTET	OCTETS	RACE
RACES	RAWEST	ROCS	ROES	ROTA	ROTATE	
ROTATES	ROTE	ROTES	ROTS	SASH	SATE	SATES
SAWS	SCAR	SCOT	SCOTS	SCOTT	SCROTA	SEAR
SEARS	SEAS	SEAT	SEATO	SECT	SECTOR	
SECTORS	SECTS	SEES	SESTET	SETA	SETAE	SETH
SETS	SEWS	SHASTA	SHAT	STASH	STATE	STATES
STATOR	STATORS	STET	STEW	STEWS	SWEAR	SWEARS
SWEET	SWEETS	TASTE	TASTES	TATS	TEAR	TEARS
TEAS	TEASE	TEASES	TEAT	TEATS	TEES	TEETH
TEST	TESTE	TESTES	TETRA	TETRAS	THAT	THAW
THESE	THESES	THETA	THETAS	THORACES	TOES	TORT
TORTE	TOTE	TOTES	TOTS	TRACE	TRACES	TRACT
TRACTS	TROT	TROTH	TROTS	TWEET	TWEETS	WARS
WART	WATT	WEAR	WEARS	WEST	WETS	

Solution 12

Words: 54

4 Letter Words

ague   aunt   faun   guar   ruat   ruin   rune   rung   runt
tuna   tune   turf   turn   unit   urea   urge

5 Letter Words

argue   auger   autre   fruit   fungi   furta   gaunt
grunt   inure   ruing   tuner   turin   unfit   uniat
unite   untie   urine   uteri

6 Letter Words

auntie   fiaunt   figure   guinea   guitar   nature
nutria   triune   tuareg   turing   unfair   uniate
urgent

7 Letter Words

fatigue   gaunter   guertin   gunfire   urinate

8 Letter Words

refuting

9 Letter Words

featuring

Solution 13

ROMANTIC   FLEXIBLE   BALANCED

ATLANTIC   VALUED   GUARDS

NAMELY   KNOWN   FIXES

Solution 14

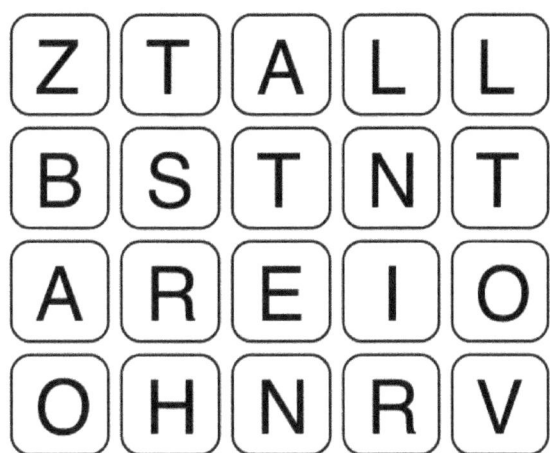

Total: 205

ABSENT	ABSTINENT	ALTER	ALTERS	ALTO	ALTS	ANTE	ANTES	ANTI
ANTOINE	ANTS	AORTA	AORTAL	AORTAS	ARENA	ARENAS	ARSENAL	ARTIER
ARTIEST	ARTS	ASTATINE	ASTER	ASTERN	ASTIR	ATTIRE	ATTIRES	BAHREIN	BARE
BARER	BARES	BAREST	BARN	BARS	BART	BARTER	BASAL	BASALT	BASE
BASER	BAST	BASTE	BASTION	BRAS	ERAS	ERIN	ERSATZ	ETNA	HARE
HARES	HART	HARTS	HASTE	HASTEN	HASTIER	HEIR	HERB	HERBS	HERIOT
HERO	HEROIN	HERON	HERS	HOARSE	HOARSER	HORA	HORN	HORNET
HORNETS	HORNIER	HORNIEST	HORS	HORSE	INERT	INTER	INTERN	INTERS	INTO
INTRA	INTRO	IRON	ITAL	LANE	LANES	LANTERN	LASER	LAST	LATE
LATENT	LATER	LATEST	LATIN	LATINO	LATTER	NASTIER	NATTER	NATTERS
NATTIER	NERO	NEST	NETS	NINA	NINE	NINES	NITS	NOIR	NOIRE
OARS	ONES	ORBS	ORES	ORIENT	ORIENTAL	ORIENTS	OVINE	RASA	RASE
RASTER	REIN	REITS	RENAL	RENO	RENOIR	RENT	RENTAL	RENTS	RESAT
REST	RETINA	RETINAL	RETINAS	RETRO	RIEN	RIOT	RITE	RITES	ROAST
ROASTER	SALT	SALTIER	SANE	SANER	SANTO	SATE	SATIN	SATIRE	SENIOR
SENT	SERA	SERB	SERI	SERVO	SETA	STALL	STAN	STANTE	STATE
STATEN	STATION	STATIONER	STEIN	STENO	STERN	STINT	STIR	TALL	TASTE
TASTER	TASTIER	TATS	TENOR	TENT	TERN	TEST	TIER	TIERS	TIES
TINA	TINE	TINES	TINT	TINTS	TIRE	TIRES	TITAN	TITS	TONAL
TONE	TONER	TONERS	TONES	TONTINE	TONTINES	TORE	TORERO	TORIES	TORN
VIES	VINE	VINES	VIRES	VITA	VITAL	VITAS	VITRO	VOIR	

Solution 15

4 Letter Words   **Words: 45**

cede   cere   dice   disc   eric   iced   ices   nice
rice

5 Letter Words

ceded   cedes   cider   creed   cried   cries
diced   dicer   dices   nicer   niece   scene
scire   since

6 Letter Words

censer   cerise   ciders   cinder   creeds
decide   dicers   nieces   screed   screen

7 Letter Words

cinders   decider   decides   decried   decries
descend   discern   rescind   sincere

8 Letter Words

descried

9 Letter Words

discerned   rescinded

Solution 16

```
F D L K T W S Q P B A V
T O P I C S  I Q R Y W G
B A S E N A M E  I N R D
W N H M G D K J H O T P
  G O A R I Q G J T R S F
  N T R S P Q L A A I L G
  I J T M L F R E S O D N
  R C F Y O E D E S D D I
  O N O C P G N S V U Y K
  O I R O T E E B D N U N
  L F D I G S P F B B I A
  F Y T T O P S E M A G B
```

OPERATOR   BASENAME   HARTFORD

GAMESPOT   FLOORING   BANKING

GENESIS   TOPICS   LOSSES

Solution 17

```
B A R N H
K L T E C
R I S T U
S E P O F
```

Total: 273

ALIT	ALITER	ALSO	ALTER	ALTS	ARTIER	ARTIEST	ARTIS	ARTIST	ARTISTE	ARTS
BALI	BALK	BALKIER	BALKIEST	BARE	BARES	BAREST	BARN	BART	BATE	BATES
BATIK	BATISTE	BATS	BATTEN	BATTER	BLARE	BLARES	BLIP	BLIPS	BLISTER	CENT
CENTAL	CENTALS	CENTRAL	CENTRALIST	CENTS	CERA	CERTI	CHEST	CHESTIER	CUES	CUTE
CUTER	CUTEST	CUTS	CUTTER	ENTIRE	EPOS	ESPIES	ESTER	ESTOP	ETCH	FOPS
FOSTER	IKBAL	IPSE	IPSO	ITAL	KAREN	KARL	KATE	KATIE	KILT	KILTER
KILTS	KIPS	KIST	KITE	KITES	KITS	KITTEN	KITTS	KRIS	KRISES	KRISTEN
LATE	LATER	LATEST	LATTER	LIES	LIPS	LIRE	LISP	LIST	LISTEN	LISTER
LITE	LITER	LITERA	LITTER	NEST	NETS	OFTEN	OPTS	OSIER	OSIERS	OTTER
OUCH	OUCHES	OUTER	OUTS	OUTSET	OUTTALK	PERIL	PERILS	PERK	PERSIL	PERSIST
PERSISTENT	PESETA	PESO	PEST	PESTER	PIER	PIERS	PIES	PILATE	PISTE	PITS
PITT	POSE	POSER	POSERS	POSES	POSIES	POSIT	POST	POSTAL	POSTER	POSTERN
POTENT	POTS	POTTER	POTTIER	POTTIES	POUCH	POUCHES	POUF	POUT	POUTER	POUTS
RATE	RATES	RATS	RECTO	RECTOS	REITS	RENT	RENTAL	RENTALS	RENTIER	
RENTIERS	RENTS	REPO	REPOS	REPOSE	REPS	RESENT	RESET	RESIST	RESISTER	RESIT
RESITS	RESPIRE	RESPIRES	RESPITE	REST	RETCH	RETIE	RETIES	RETIRE	RETIRES	RETOUCH
RIPE	RIPEST	RIPOSTE	RIPS	RISE	RISEN	RISER	RISES	RITE	RITES	SECT
SENT	SEPTET	SEPTETS	SERA	SERI	SESTET	SETA	SIESTA	SILK	SILT	SILTS
SIPS	SIRE	SIRES	SIRS	SISTER	SITAR	SITE	SITES	SITS	SITTER	SLAB
SLAT	SLATE	SLATTERN	SLIER	SLIP	SLIT	SLITTER	SOFT	SOFTEN	SOFTER	SPIES
SPILT	SPIRE	SPIRES	SPIT	SPITAL	SPITE	SPOT	SPOTTER	SPOTTIER	SPOUT	STAB
STALK	STAR	STARE	STENCH	STERN	STET	STIES	STIR	STIRS	STOP	STRETCH
TALK	TALKIE	TALKIES	TARE	TARES	TECH	TENCH	TENT	TENTS	TERN	TEST
TESTIER	TESTIS	TETRA	TIER	TIERS	TIES	TIPS	TIPSTER	TIRE	TIRES	TOFU
TOPE	TOPER	TOPERS	TOPES	TOPS	TOUCH	TOUCHES	TRENCH	UFOS	UTTER	

Solution 18

Words: 57

4 Letter Words

acne	acre	agar	ager	area	cage	cane	care	cera
crag	earn	gear	narr	near	race	raga	rage	rang
rare	rear	roan	roar					

5 Letter Words

aaron	acorn	anger	arena	argon	canoe	cargo
carne	conga	crane	genoa	grace	groan	nacre
ocean	organ	racer	range	reran		

6 Letter Words

angora	aragon	arcane	cornea	garner	gerona
orange	rancor	ranger	reagan		

7 Letter Words

arrange	carnage	conagra	cornage	cranage

8 Letter Words

9 Letter Words

arrogance

Solution 19

```
Q P E L O A D E D L O M
Q W J E S E N I H C A M
E O A H P F N Q D O T V
P G A A C I F O R S M N
O N L M E V N R S S B J
W I K B B R E I O D C V
E D B U Q Q H T O K U N
R O P R D G U H R N O H
E C X G A A R E Y U S A
D N R A F J S Q W S Q U
U E M K S A K T U P K L
R H J U L L W O N C P H
```

MACHINES   EPINIONS   ENCODING

HAMBURG   POWERED   LOADED

HUDSON   AUTOS   LASER

Solution 20

```
O H L T C
W O U I S
T R H M O
S E T A T
```

Total: 140

AMOS	ATOM	ATOMIC	ATOMS	ETHIC	ETHICS	HAMS
HATE	HATER	HATERS	HATES	HERO	HERS	HILT
HILTS	HITS	HOLISM	HOOT	HOOTER	HOOTS	HORS
HORSE	HOTS	HOUR	HOURS	HUIS	HUMS	HURT
HURTS	HUTS	IOTA	LIMA	LIMO	LIMOS	LIST
LORE	LOTS	LOUIS	LOUT	LOUTS	LUIS	LURE
LURES	MAHOUT	MAHOUTS	MAOIST	MATE	MATER	MATERS
MATES	MATH	MILT	MILTS	MIST	MOAT	MOIL
MOIST	MOISTURE	MOISTURES	MOST	MOTA	MULTI	OAHU
OATH	OHIO	OHMS	OLIO	OMIT	OMITS	ORES
OURS	OUTS	REST	ROTE	ROTES	ROTS	ROUT
ROUTS	RUMS	RUTS	SERUM	SERUMS	SETA	SETH
SILO	SILT	SIMUL	SITU	SMUT	SOIL	SOIT
SOMA	STEROL	STET	STORE	STOUT	STOUTS	STOW
STRUM	STRUMS	STRUT	STRUTS	TAMIL	TAMS	TAOISM
TAOIST	TEST	THAT	THIS	THROW	THRUM	THRUMS
TICS	TOIL	TOMS	TORE	TORT	TORTE	TORTES
TOUR	TOURS	TOUT	TOUTS	TROT	TROTS	TROUT
TROUTS	TRUISM	ULTIMATE	ULTIMO	URES	WHORE	WHORES
WOOL	WORE	WORSE	WORST	WORTH	WREST	WROTE

Solution 21

4 Letter Words

Words: 47

gelt, gill, gilt, glen, hell, hill, hilt, lent
lien, lilt, lily, line, lint, lite, neil, nile
tell, tile, till, yell

5 Letter Words

ethyl, glint, hilly, inlet, intel, legit
leigh, light, lithe, lying, nigel

6 Letter Words

gently, length, lenity, lentil, lintel
thinly, tingle, tingly

7 Letter Words

lengthy, lighten, lightly, lithely, nightly
telling, yelling

8 Letter Words

9 Letter Words

lengthily

Solution 22

```
L  D E S I R E D  H Q O  K
G G I  D E M R O F N I   E
D  F E R R A R I  K I A   E
G  S  J S D B H P N A G   P
   N  E M L J T J F K N C  I
   I  H I I O B O E I H G  N
   T  H N F L R B H I B M  G
   I  H C J M I C F I G G  S
   D  D H E W A E E I Z I  R
   E  A D T E Y H S F I C  A
      K E U T W W T B Y Y W E
      A O L J J O L A C J S F
```

INFORMED   TEACHING   INFORMED

FERRARI   EDITING   SMILIES

DESIRED   KEEPING   FEARS

Solution 23

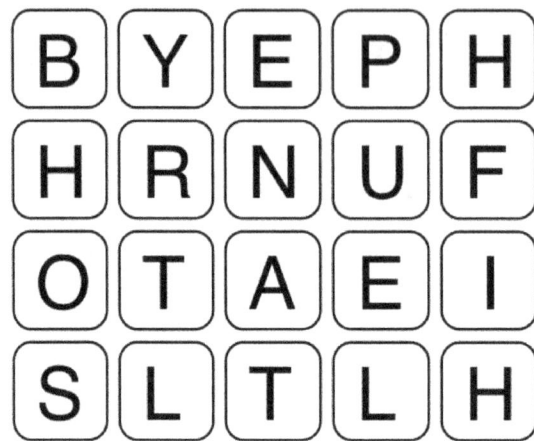

Total: 169

ALIEN	ALSO	ALTHORN	ALTO	ALTOS	ALTS	ANTS	ARTS	ATTORN
ATTORNEY	AUNT	AUNTS	BRAE	BRAN	BRAT	BRATS	BROS	BROTH
BYRE	EARN	EARTH	EARTHY	EATS	ENTRY	EROS	FEAL	FEAR
FEAT	FEATS	FELT	FETAL	FILARE	FILE	FILET	FUEL	
FUNERAL	FUNERALS	HEAL	HEALS	HEALTH	HEALTHY	HEAR	HEART	HEARTH
HEARTS	HEAT	HEATH	HEATS	HENRY	HILT	HOLST	HORA	HORAE
HORN	HORNET	HORNY	HOST	HOTS	HUNT	HUNTS	HYENA	ILEA
LANE	LATE	LATENT	LATH	LEAL	LEAN	LEANER	LEANT	LEARN
LEARNT	LENT	LENTO	LENTOS	LIEF	LIEN	LIEU	LIFE	LORAL
LORAN	LORE	LOST	LOTH	LOTS	NARY	NATO	NEAR	NEARBY
NEAT	NEIL	NERO	ORAL	ORALS	ORATE	ORNATE	PENAL	PENT
PERT	PERTH	PERTS	PUERTO	PUNT	PUNTS	PUNY	RANT	RANTS
RATE	RATS	RATTLE	RENAL	RENT	RENTAL	RENTALS	RENTS	ROTA
ROTATE	ROTS	ROTTEN	SLANT	SLAT	SLATE	SLOT	SLOTH	SOLA
SOLAR	SORB	SORE	SORT	STALE	STAN	STAR	STARE	STATE
STATEN	STORE	STORY	TALE	TALENT	TALENTS	TARE	TARO	TAROS
TAROT	TAROTS	TART	TARTS	TATS	TAUNT	TAUNTS	TAUPE	TEAL
TEALS	TEAR	TEARY	TEAT	TEATS	TENT	TENTH	TENTS	THORN
THORNY	TORE	TORN	TORY	TREY	UNEARTH	UNTO	YENTA	

Solution 24

4 Letter Words

Words: 47

cord core corn crud curd cure doer dour
dure ecru nerd nero redo rend reno rode
rude rued rune

5 Letter Words

cored corer credo crone cruce crude
cured decor drone occur order recur
rerun rouen round ruder under

6 Letter Words

concur corned corner cruder dourer
ordure record

7 Letter Words

reoccur rounder

8 Letter Words

occurred

9 Letter Words

concurred

Solution 25

```
I  M  K  L  G  Q  C  C  D  M  O  H
R  D  D  K  M  G  Q  I  K  O  G  N
A  E  A  Y  M  G  G  W  A  W  A  O
T  L  C  T  E  E  Y  M  B  O  E  V
E  I  S  C  S  H  E  A  E  V  B  E
D  V  D  T  U  H  Q  I  R  V  H  M
D  E  L  E  C  C  E  G  G  R  A  B
O  R  F  S  F  Q  E  L  I  W  A  E
B  Y  O  V  E  R  V  I  E  W  E  R
G  B  M  A  M  U  K  D  E  L  U  B
L  I  S  O  B  I  D  D  E  R  F  C
U  L  D  E  G  A  G  N  E  F  W  A
```

OVERVIEW	NOVEMBER	DELIVERY
ENGAGED	DIGEST	BIDDER
SCHEMA	ARRAY	RATED

Solution 26

Total: 139

AFORE	AFRO	AFROS	AGER	AGERS	AIRES	AIRS
AIRY	AREA	ARERE	ARIA	ARISE	AROSE	ASIA
EAGER	EARN	EARNS	EARS	EASIER	EERIE	EERIER
EIRE	ERAS	ERASE	ERIE	EROS	EYES	
EYESORE	EYRE	EYRES	FAIR	FAIRE	FAIRER	FAIRS
FAIRY	FARE	FARO	FAROS	FORAGE	FORAGER	
FORAGERS	FORAY	FORE	FORI	FORIS	FOYER	FOYERS
FRAIS	FRAY	FREE	FREER	FRET	GAIETY	GARS
GAYER	GAYETY	GEAR	GEARS	GEES	IRAS	OAFS
OARS	ORES	OSIER	OSIERS	OYER	OYERS	PEER
PEERS	PEES	PERE	PERSIA	PETE	PETER	PETERS
PYRE	PYRES	RAGE	RAISE	RAISER	RASE	REAR
REARS	RETYPE	RISE	RISER	ROSARY	ROSE	ROSIER
ROTA	RYES	SARI	SARIS	SEAR	SEEP	SEER
SERA	SERE	SERI	SIEGE	SIRE	SIRES	SIRS
SOIREE	SOIREES	SORE	SORER	SORES	TARE	TARO
TAROS	TARS	TARSI	TARSIER	TARSIERS	TEAR	TEARS
TEAT	TEES	TERN	TERNS	TERSE	TORE	TORERO
TOREROS	TORN	TORSO	TORSOS	TYPE	TYRO	TYROS
YARN	YARNS	YEAR	YEARN	YEARNS	YEARS	YEAS
YORE						

Solution 27

Words: 88

4 Letter Words

east	eats	efts	emit	fait	fast	fate	fats	feat
fiat	fist	fits	gait	gast	gate	gets	gift	gist
gust	guts	item	mast	mate	mats	meat	mets	mist
mite	must	mute	sate	seat	seta	sift	site	situ
smut	stag	stem	suet	suit	tags	tame	tams	team
teas	ties	time	tugs					

5 Letter Words

agist	emits	faits	fates	faust	feast	feats
festa	fetus	fiats	gaits	gamut	gates	gifts
guest	items	mates	meats	metus	mites	mufti
mutes	sitae	smite	stage	steam	suite	tames
teams	times					

6 Letter Words

autism   fiesta   muftis   stigma

7 Letter Words

fatigue   gamiest

8 Letter Words

fatigues   fumigate

9 Letter Words

fumigates

Solution 28

J	O	I	N	I	N	G	C	U	E	E	Q
N	E	A	O	D	Q	L	Y	H	L	S	P
I	N	U	N	U	Q	P	L	K	S	A	P
B	J	M	S	A	S	N	A	K	R	C	Q
P	M	Q	U	A	N	T	U	M	A	R	C
M	E	L	C	Y	Q	D	J	G	D	E	E
A	I	R	A	P	R	K	J	N	E	R	Z
I	A	L	C	I	L	N	G	O	N	E	N
A	K	E	L	E	R	T	H	I	I	H	O
B	H	H	E	S	N	E	T	L	A	W	R
D	Y	T	K	V	J	T	A	V	G	O	B
S	U	R	A	U	Q	T	V	U	B	N	R

NOWHERE   JOINING   QUANTUM

PERCENT   AERIAL   KANSAS

BRONZE   GAINED   MILLS

Solution 29

```
Y E E T S
F E O R A
A D I P W
M E R O L
```

Total: 176

ADORE	APRS	ARID	ARTS	ASTER	ASTEROID	ASTRIDE	ATOP	AWOL
DAME	DEAF	DEER	DEFAME	DEFY	DIEM	DIRE	DIRT	DOER
DOERS	DOPIER	DORA	DORSA	DOTE	DOTS	DREAM	DRIP	DROP
EADEM	EDAM	EDEMA	EERIE	EERIER	EIDER	EIRE	ERAS	ERIE
ERODE	EYED	FADE	FAME	FAMED	FEDORA	FEDORAS	FEED	FEEDER
FEET	FEOD	IDEA	IDEE	IDEM	IOTA	IOWA	IRAS	IRATE
LOIRE	LORD	LORE	LORI	MADE	MADEIRA	MEAD	ORATE	PARE
PART	PARTE	PARTS	PAST	PASTE	PASTOR	PATE	PATER	PATS
PAWL	PIED	PIER	PIRATE	POET	POETS	PORE	PORED	PORT
PORTS	POTS	PRAT	PRATE	PRIDE	PRIED	PRIER	PRIOR	PRIORS
PROD	PROW	PROWL	RAPID	RAPIDER	RAPIER	RATE	RATS	READ
REAE	REAM	REDEYE	REDO	REED	REEDIER	REEF	REEFED	REMADE
RIDE	RIDER	RIOT	RIOTER	RIOTERS	RIOTS	RIPA	RODE	ROPIER
ROTA	ROTAS	ROTE	ROTS	SARI	SATE	STAR	STARE	STEED
STEROID	STOP	STORE	STORIED	STRAP	STRAW	STRIDE	STRIP	STRODE
STROP	TAPIR	TAPIRS	TARE	TARO	TARP	TARS	TEED	TOED
TORE	TORPID	TORPOR	TRAP	TRAWL	TREE	TREED	TRIED	TRIER
TRIO	TRIODE	TRIOR	TRIP	TRIPOD	TROD	TROP	WARE	WARIER
WARP	WARS	WART	WARTS	WASTE	WASTER	WATER	WATERIER	WATERS
WORD	WORE	WRAP	WRIER	WROTE				

Solution 30

Words: 76

4 Letter Words

clus	cons	cues	eons	ices	icus	ions	ious	isle
leis	lens	lies	lose	luis	noes	nose	oils	ones
onus	silo	sine	sloe	slue	soil	sole	soli	soul

5 Letter Words

close	clues	coils	coins	cones	cosen	eosin
icons	liens	lines	lions	locus	loins	louis
louse	nexus	nixes	noels	noise	scion	scone
seoul	since	sioux	slice	sonic	unsex	

6 Letter Words

clines	clones	coleus	conies	consul	cosine
cousin	insole	lesion	oscine	ounces	sluice
uncles	unesco	unisex			

7 Letter Words

counsel   elusion   inclose   unclose   uncoils

8 Letter Words

lexicons

9 Letter Words

exclusion

Solution 31

W	E	J	O	D	R	A	U	G	K	N	G	
	E	A	G	S	T	R	A	N	D	K	L	L
	S	H	E	Y	O	E	P	W	U	K	A	A
	S	U	Y	Y	P	K	G	I	F	C	J	S
	A	M	T	A	A	T	I	B	B	O	D	R
	Y	Q	E	E	T	S	I	N	F	W	U	E
	A	W	R	V	O	G	G	A	A	S	Y	B
	T	O	I	J	J	D	Q	N	N	S	S	M
	K	S	W	W	C	P	B	A	I	T	E	A
	I	M	T	R	P	L	K	C	C	T	Q	H
	U	X	S	L	Q	U	D	M	T	Y	A	C
	D	U	D	N	R	G	R	A	V	E	C	E

EGYPTIAN   CHAMBERS   EATING

KINASE   STRAND   ESSAY

KOREA   GRAVE   GUARD

Solution 32

```
T N E S J
O O S H U
S L T G R
W N I E E
```

Total: 147

EGRET	EGRETS	EIGHT	EOLITH	EOLITHS	EONS	ERGS
ESTER	GETS	GHENT	GILT	GINS	GREET	GREETS
GUSH	GUSHES	HENS	HESS	HUGE	HUGS	
INTEGER	INTER	INTO	INTOL	INTONE	INTONES	JUGE
JUGS	JURE	LIEGE	LIGHT	LIGHTER	LIGHTS	LINT
LITE	LITER	LITHE	LOESS	LONE	LOON	LOONS
LOOSE	LOOSEN	LOOSES	LOOT	LOOTER	LOOTS	LOSE
LOSES	LOSS	LOST	LOTH	LOTS	NEHRU	NEST
NESTER	NIGER	NIGH	NIGHT	NIGHTS	NITS	NOES
NOLO	NOOSE	NOOSES	NOSE	NOSES	NOSH	NOSHES
NOTE	OLIN	ONES	ONTO	OSLO	REIN	REINS
REITS	RETOOL	RETOOLS	RUGS	RUSE	RUSES	RUSH
RUSHES	SENT	SHRUG	SHRUGS	SLIER	SLIGHT	
SLIGHTER	SLIGHTS	SLIT	SLITS	SLOE	SLOES	SLOSH
SLOSHES	SLOT	SLOTH	SLOTS	SNIT	SNITS	
SNOOTIER	SNOT	SOLI	SOLO	SOLOS	SONS	SOON
SOONEST	SOOT	SOOTHE	SOOTHES	SOOTIER	SOTS	STEER
STEIN	STEINS	STONE	STONES	STOOL	STOOLS	SURE
SURGE	THEN	THREE	THUG	THUGS	THUS	TIER
TIGER	TINS	TOES	TONE	TONES	TONS	TOOL
TOOLS	TOOT	TOOTH	TOOTS	TOSS	TOTE	TOTO
TOTS	URGE	USES				

Solution 33

4 Letter Words

Words: 69

ahem hare hate hear heat hero home mare mate
meat meow meth more mote rare rate ream rear
rhea rome rote tame tare team tear term them
tome tore ware wear whet wore

5 Letter Words

amore artem earth harem hater heart homer
horae mater metro mower orate other rawer
rearm retro rower tamer terra threw throe
tower water wheat whore wrote

6 Letter Words

mother rather remora termor terram tremor
warmer wreath

7 Letter Words

thrower

8 Letter Words

9 Letter Words

earthworm

Solution 34

F	V	S	E	R	I	T	T	Z	Y	G	W
Q	I	R	R	E	S	O	L	V	E	I	H
H	A	Y	U	N	L	G	A	L	N	A	J
P	K	V	D	O	A	B	B	D	Q	U	J
B	F	E	N	Y	K	G	S	T	P	M	N
I	G	Y	C	Q	A	L	O	D	C	D	F
R	E	R	A	V	P	R	A	L	E	C	C
D	Y	T	A	W	S	T	R	L	Y	M	K
S	T	K	W	F	E	H	A	U	Q	T	A
Y	G	S	K	S	C	Y	F	B	M	E	G
A	J	G	J	D	M	I	O	R	U	D	J
F	W	D	E	T	I	C	X	E	T	T	N

EXCITED   UPDATES   RESOLVE

MURRAY   DELAY   LOGAN

WINDS   BIRDS   TIRES

Solution 35

Total: 148

Grid:
```
E V N G U
O U R E O
T S E S X
E A P E U
```

APES	APEX	APEXES	APSE	APSES	ASPERSE	ASPS
EASE	EASES	EAST	EATS	EGOS	ENURE	ENURES
EPEE	EPEES	ERGO	GEES	GEESE	GENRE	GENRES
GENUS	GNUS	GOES	GREASE	GREAT	GREEN	NERVE
NERVOSA	NERVOUS	NEXUS	NEXUSES	NURSE	NURSES	NUTS
OEUVRE	OEUVRES	OGEE	OGEES	OGRE	OGRES	OURS
OUST	OUTS	OXEN	PASO	PAST	PASTE	
PASTURE	PASTURES	PATE	PATES	PATS	PEAS	PEAT
PEEN	PEER	PEERS	PEES	PERE	PERU	PERUSE
PESETA	PESO	PEST	REAE	REAP	REAPS	REPAST
REPS	RESAT	RESET	REST	REUS	REUSE	RUES
RUNE	RUNES	RUNG	RUSE	RUSES	RUST	RUTS
SAPS	SATE	SATURN	SEAS	SEAT	SEATO	SEATS
SEEN	SEEP	SEEPS	SEER	SEERS	SEES	SEGO
SERE	SERGE	SERVE	SERVO	SERVUS	SETA	SETAE
SOUR	SOURS	SPAS	SPAT	SPATE	SPATES	SPATS
STAPES	STOVE	STUN	STUNG	SUES	SUNG	SURE
SURGE	SURGES	TAPE	TAPER	TAPERS	TAPES	TAPS
TEAS	TEASE	TEASER	TEASERS	TEASES	TOUR	TOURS
TUNE	TUNER	TUNERS	TUNES	TUREEN	TURN	UNREST
UREA	URES	URGE	URGES	USER	USERS	USES
VOTE	VOTES					

Solution 36

4 Letter Words **Words: 42**

eons lens leon lone neon nero noel noes
none nose ones open peen penn pens peon
porn reno seen

5 Letter Words

epson loner noels norse onere opens
peens peons preen prone sneer snore

6 Letter Words

loners nelson opener person ponere
preens reopen spleen

7 Letter Words

openers reopens

8 Letter Words

9 Letter Words

personnel

Solution 37

```
B D U G A N D A J M Y M
D R D E R I A P M I A E
H K S T E T T E Z A G P
N L P A T S V P A G O D
I F C C N E I D P C P F
R K T H C I O Y N Q B A
D V B N E P T R N U D L
H W A Z T S B A M E U L
C L M E C D S W L R S E
G H D F R J H C C Y F N
A I B Z K C E L S N D S
V P K F L S R P U S E J
```

IMPAIRED   ADOPTED   LATINAS

GAZETTE   GLANCE   FALLEN

UGANDA   CHESS   QUERY

Solution 38

```
E Y E S T
T E H D S
R O S I T
O N O N E
```

Total: 156

DEER	DIET	DIETS	DINE	DINS	DINT	DINTS	DISH	DISHES
DISHONOR	DITS	EDISON	EDIT	EDITS	ENID	EONS	EOSIN	EROS
EROSION	EYED	EYES	HEED	HEEDS	HERO	HERON	HERONS	HESS
HIDE	HIDES	HINT	HINTS	HISS	HISSED	HITS	HOES	HONOR
HONOREES	HORN	HORNS	HOSE	IDEE	IDEES	IDES	INSERT	INSET
INSHORE	IONS	NETS	NITS	NOES	NOISE	NONE	NOON	
NOONTIDE	NOOSE	NOSE	NOSEY	NOSH	NOSHED	NOSHES	NOTE	NOTES
OHIO	ONSET	ONSHORE	ONSIDE	OOHED	OOHS	ORES	REED	REEDIT
REEDITS	REEDS	RESIDE	RESIDES	RESIN	RESIST	RESISTS	RESIT	RESITS
ROES	ROOT	ROSE	ROSH	ROSIN	ROTE	ROTES	SEED	SEEDS
SEER	SEES	SHED	SHEDS	SHEER	SHEET	SHIN	SHINE	SHINS
SHIT	SHITS	SHOE	SHOES	SHOO	SHOOS	SHORE	SHORES	SHORN
SHORT	SHOT	SHYER	SHYEST	SIDE	SIDES	SINE	SINS	SITE
SITS	SNIDE	SNIDEST	SNIT	SNITS	SNOOTY	SNORE	SNORT	SNOT
SOIT	SOON	SOOT	SOOTY	SORE	SORT	STEIN	STEINS	STENO
STENOS	TEED	TEES	TENS	TENSE	TENSER	TENSION	TENSOR	TERN
TERNS	TIDE	TIDES	TINE	TINS	TOES	TONS	TORE	TORN
TREE	TREED	TREES	TREY					

Solution 39

Words: 65

4 Letter Words

epos	opus	peer	pees	pere	peru	peso	pore	pose
pour	pres	pros	pure	puss	repo	reps	rope	seep
sops	soup	spur	sups					

5 Letter Words

peers	pesos	pores	poser	poses	posse	pours
poxes	press	prose	puree	purse	repos	ropes
rupee	seeps	soups	spore	spree	spurs	super

6 Letter Words

europe	expose	opuses	peruse	posers	poseur
purees	purses	repose	rupees	spores	spouse
sprees	supers				

7 Letter Words

espouse	exposes	express	peruses	poseurs
reposes				

8 Letter Words

exposure

9 Letter Words

exposures

Solution 40

```
T E L T S E T A E R G J
N C A U S E D G G R U S
I I S Q S P H M H T N U
E K R P W J D F M N T S
A K O A W I L B L O I P
Q R Y U Q E G J C S T E
D F Q I S I G A H S L C
S J J R N U I K N C E T
F A U K Y V N K K I D T
R O N H T P K E R R R G
Y E T A N B O A A E N B
U T L P Y B T N O Y A S
```

YOURSELF   UNTITLED   GREATEST

ERICSSON   SUSPECT   LATVIA

CAUSED   IRAQI   DROPS

Solution 41

Grid:
```
B D O F R
E D R S Y
E E D O T
S O L A O
```

Total: 167

ADDED	ADDER	ADDERS	ADLER	ADORE	ADORED	ADORES	ALDER	ALDERS
ALES	ALOE	ALOES	BEDDED	BEDEL	BEER	BEERS	BEES	DALE
DALES	DEED	DEEDED	DEEDS	DEER	DELATOR	DELATORS	DODDER	
DODDERS	DOER	DOERS	DOES	DOLE	DOLED	DOLES	DOLOR	DOSE
DOSED	DOTAL	DOTS	DRED	ERODE	ERODED	ERODES	EROS	FODDER
FORD	FORDED	FORDS	FORE	FORESEE	FRED	FREDA	FREE	FREED
FREES	FROST	FROSTY	LADDER	LADDERS	LADE	LADED	LADES	LADS
LAOS	LEES	LESE	LOAD	LOADED	LOADER	LOADERS	LOADS	LODE
LODES	LOOT	LOOTS	LORD	LORDED	LORDS	LORE	LOSE	LOSER
LOSERS	LOST	LOTS	OATS	ODDER	ODDS	ODES	ODOR	OLDER
OLDS	OLEO	OLEOS	OODLES	ORES	REDO	REDOES	REDS	REED
RELOAD	RELOADS	RESOLD	ROAD	ROADS	RODE	RODEO	RODEOS	RODS
ROLE	ROLES	ROOT	ROOTS	ROSY	ROTA	ROTS	SEDER	SEDERS
SEED	SEEDBED	SEEDED	SEEDS	SEER	SEERS	SERF	SERFS	SODA
SODDED	SODS	SOLA	SOLD	SOLDER	SOLDERS	SOLE	SOLED	SOLES
SOLO	SOLOED	SOLOS	SOOT	SOOTY	SORE	SORES	STALE	STALED
STALER	STALES	STOLE	STOLES	STOOD	STOOL	STORE	STORED	STORES
TADS	TALE	TALES	TOAD	TOADS	TODD	TOLD	TOLEDO	TOOL
TOOLED	TORE	TORSO	TOYS	YODEL	YORE			

Solution 42

Words: 91

4 Letter Words

epos	help	hips	hope	hopi	hops	ipse	ipso	lips
lisp	lope	lops	peso	phil	pier	pies	pile	piss
pole	pore	pose	posh	pres	pris	pros	repo	reps
ripe	rips	rope	ship	shop	sips	slip	slop	sops

5 Letter Words

helps	hopes	hopis	lisps	lopes	peril	pesos
piers	piles	plies	poise	poles	pores	poser
poses	posse	press	pries	prole	prose	repos
ropes	ships	shops	slips	slope	slops	spiel
spies	spire	spoil	spore			

6 Letter Words

perils	perish	persil	pliers	plisse	poises
polies	polish	posers	posies	proles	reship
slopes	spiels	spires	spoils	spores	

7 Letter Words

reships   spoiler

8 Letter Words

polisher   polishes   spoilers

9 Letter Words

polishers

Solution 43

```
W G P A S C I H P A R G
E A O F P G S G W N E N
M I L V H A F L Q U N Q
O D I J N J R L D J C T
D N T O R Q K K A H I R
E N E R A E C U I H V P
R T R D V I T T O N E W
F A A J D U L B G B
S Y Y U S G M Q Q R P H
H H S A P S J O Q D S T
C S Y A D I L O H U K F
```

LITERACY   GRAPHICS   HOLIDAY

FREEDOM   PARKING   ROUTER

BEHALF   JORDAN   TULSA

Solution 44

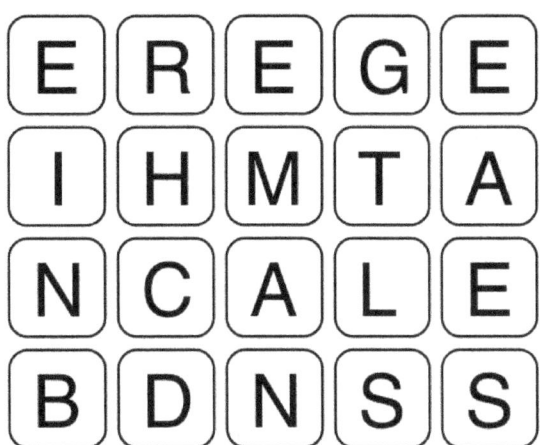

Total: 160

ACHE	ACME	AGER	AHEM	ALAN	ALAS	ALES	ALMA	ALTER
ASSET	ATLAS	ATLASES	CALM	CALMER	CAME	CANS	CASE	CASES
CATALS	CATER	CHAD	CHALET	CHASE	CHASES	CHAT	CHIN	DALE
DALES	DAME	DATA	DATE	DATES	EAGER	EATER	EIRE	ELAND
ELATE	ERIC	ERICA	ERIE	ERIN	ETAGERE	GAEL	GAELS	GALA
GALAS	GALE	GALES	GALS	GATE	GATES	GERM	GERMAN	
GERMANS	HALE	HALES	HALT	HALTER	HAMLET	HAND	HANSE	HANSES
HASSLE	HATE	HATER	HATES	HATLESS	HEIR	HERE	HEREIN	HERMAN
HIND	HIRE	INCA	INCAS	INCH	INHALE	INHALES	INHERE	LACIER
LAESA	LAGER	LAME	LAMER	LAND	LASS	LATE	LATER	LESS
LESSA	MACH	MACHETE	MACHETES	MALA	MALE	MALES	MALT	MALTA
MANCHE	MANS	MANSE	MANSES	MASS	MASSE	MATE	MATER	MATES
MEGA	MERE	METAL	METALS	METE	METES	NAME	NATAL	NICHE
REGAL	REGALE	REGALES	REICH	REIN	REMAND	RICA	RICAN	RICANS
RICH	RICHE	RIND	SACHEM	SACHET	SALE	SALES	SALT	SAME
SAND	SATE	SATES	SEAL	SEALS	SEAT	SESAME	SETA	SETAE
SLAG	SLAM	SLAT	SLATE	SLATES	TALA	TALAS	TALE	TALES
TAME	TAMER	TANS	TASSEL	TEAL	TEALS	TERM	TERMLESS	

Solution 45

Words: 156

4 Letter Words

alit	alts	arts	east	eats	ital	last	late	leet	lest	lets	list	lite	rate	rats	rest
rite	salt	sate	seat	seta	silt	site	slat	slit	star	stir	tail	tale	tare	tars	teal
tear	teas	tees	tier	ties	tile	tire	tree	vast	vats	vest	vets	vita			

5 Letter Words

alert	alter	artis	aster	astir	avert	eater	elate	elite	ester	irate	islet	later
least	leets	liter	rates	reits	resat	reset	resit	retie	rites	rivet	setae	sitae
sitar	slate	sleet	stair	stale	stare	stave	steal	steel	steer	stele	steve	stile
tails	tales	tares	tarsi	teals	tears	tease	terse	tiers	tiler	tiles	tires	trail
trees	trial	tries	valet	vista	vitae	vital	vitas					

6 Letter Words

alerts	aliter	alters	averts	easter	eaters	elates	lister	litera	liters	relate	
retail	reties	revest	rivets	satire	staler	starve	strive	svelte	teasel	teaser	
tilers	trails	travel	travis	trials	valets	vaster	verist	vestal	vilest	vitals	

7 Letter Words

atelier	literae	realest	realist	relates	restive	retails	saltier	stealer
sterile	travels	veritas						

8 Letter Words

ateliers	earliest	realties	relative

9 Letter Words

relatives	versatile

Solution 46

```
C F T R H O Y T E U B I
S E N T I T L E D A A N
  N I M F B Y E V S E D F
L K E E L Y I E L B J O
A W D S H C B W K D R R
N Y E T U A N A C W B M
A L A E L O I U A K G A
C K E L K R P O O F G L
B U I A E E J S S L N P
E P D B U S N J S Q S T
G G I G V L R D H K E G
H L S R E N N I W K J M
```

BASEBALL   ENTITLED   INFORMAL

LIBERIA   WEEKEND   WINNERS

SPOUSE   KATHY   CANAL

Solution 47

Total: 144

Grid:
```
R L V E F
E I I T N
S B S O M
H O N W T
```

BELIE	BELIEF	BIER	BILE	BIOS	BISON	BITE
BITS	BONO	BOSH	BOSOM	BOSON	BOSTON	EFTS
ELISION	ELITE	ELVIS	EVIL	HOBS	HOSE	HOST
HOSTILE	IBIS	IONS	ISBN	ISBNS	ISIS	IVIES
LEIS	LIBER	LIEF	LIEN	LIES	LION	LIONS
LIRE	LISBON	LIST	LISTEN	LITE	LIVE	LIVEN
MOIL	MOIST	MOISTEN	MONET	MONO	MOST	MOTE
MOTILE	MOTIVE	MOTS	MOWN	MOWS	NEIL	NETS
NEVI	NEVIL	NEVIS	NOBEL	NOBILE	NOBIS	
NOISIER	NONE	NOSE	NOSH	NOSIER	NOTE	OBIS
OBIT	OBITS	OILER	OILIER	OMNE	OSIER	OWNS
RELIEF	RELISH	RELIVE	RESILIENT	RESIST	RESISTIVE	RIBOSE
RIBS	RILE	RILES	RISE	RIVE	RIVEN	RIVET
RIVETS	SEISI	SERI	SIBS	SIRE	SIRES	SITE
SIVE	SNOB	SNOBS	SNOT	SNOW	SOBER	SOBS
SOIL	SOIT	SONS	SOWN	STENO	STILE	STILES
STONE	STOW	TIBER	TILE	TILER	TILES	TOIL
TOILE	TOILER	TONE	TONS	TONSIL	TOTE	TOTS
TOWN	TOWNS	TOWS	TWOS	VEIL	VENOM	VENT
VENTS	VETO	VETS	VIBE	VIBES	VIES	VILE
VILER	VIRES	VISION	VISIT	WONT		

Solution 48

Words: 47

4 Letter Words

agio	alto	doit	doli	dolt	dora	giro	goad
goal	goat	gold	idol	iota	load	lord	lori
oral	riot	road	roil	rota	taro	toad	toga
toil	told	trio	trod				

5 Letter Words

aorta	argot	dotal	droit	gloat	groat
largo	radio	ratio	tirol		

6 Letter Words

adagio	adroit	aortal	dialog	gloria
rialto	tailor			

7 Letter Words

dilator

8 Letter Words

9 Letter Words

gladiator

Solution 49

Q	L	P	L	A	R	T	N	E	C	K	Y	
U	W	G	J	J	W	F	C	I	L	K	L	
H	K	Y	G	E	T	T	I	N	G	W	N	
N	E	C	B	A	B	Y	O	D	T	L	F	
M	Y	A	E	R	D	S	D	I	J	H	B	
U	B	L	V	Q	A	N	F	A	A	M	C	
T	O	C	T	E	U	E	Y	R	P	U	B	
U	A	L	J	O	R	R	N	Y	C	Q	P	
A	R	N	F	T	B	A	M	P	P	F	Q	
J	D	B	D	G	P	G	G	G	K	Y	U	
T	E	X	H	I	B	I	T	E	S	E	I	
A	R	K	O	M	V	D	L	K	R	L	B	

KEYBOARD   GETTING   CENTRAL

AVERAGE   EXHIBIT   NEARBY

AUTUMN   FOUND   DIARY

Solution 50

```
T S E F D
S R L C I
O U Y A T
W E I M O
```

Total: 132

ACES	ACID	ALEC	ALERT	ALERTS	ALES	AMYL
ATOM	CALF	CLAIM	CLAM	CLAY	CLEF	CLUE
CLUS	DIAL	DIALECT	DIALER	DIALERS	DIALS	DIATOM
DICA	DICE	DICER	DICERS	DICES	DICTA	EROS
ESTROUS	EYRE	EYRES	FECAL	FECIAL	FECIT	FIAT
FLAT	FLAY	FLUE	FLYMA	ICES	ITAL	ITALY
LACE	LACER	LACERS	LACES	LACTIFEROUS	LACY	LAIC
LAID	LAYE	LESS	LESSOR	LEST	LURE	LURES
LUST	LUSTS	LYRE	LYRES	MACE	MACES	MAID
MALE	MALEFIC	MALES	MOAT	MOTA	MOTIF	ORES
OURS	OUST	OUSTS	RECITAL	RECITALS	RECLAIM	RECTA
RECTAL	RECTI	RECTO	REFIT	REFL	RELAY	RELY
REST	RESTS	ROUST	ROUSTS	RULE	RULES	RUST
RUSTS	SECT	SELF	SLAM	SLAT	SLAY	SLUE
SLUR	SLURS	SORE	SORELY	SORES	SOREST	SORT
SORTS	SOUL	SOULS	SOUR	SOUREST	SOURLY	SOURS
SURE	SURELY	SUREST	SURLY	TALC	TALE	TALES
TRESS	TRUE	TRULY	TRUSS	ULCER	ULCERS	URES
USSR	WORE	WORSE	WORST	YALE	YULE	

Solution 51

4 Letter Words

Words: 85

deer	dent	doer	done	dote	drew	eden	eked	ewer
keen	keno	knee	knew	need	nerd	nero	newt	node
note	owed	redo	reed	reek	rend	reno	rent	rode
rote	teed	teen	tend	tern	toed	tone	tore	tree
trek	weed	week	wend	went	were	woke	wore	wren

5 Letter Words

dente	derek	deter	donee	dower	drone	endow
enter	erode	kneed	krone	newer	noted	onere
owned	owner	renew	rowed	tenor	token	toned
toner	towed	tower	treed	trend	tweed	woken
wrote						

6 Letter Words

denote	downer	rented	rodent	tender	wonder
wonted	worked				

7 Letter Words

network   towered

8 Letter Words

9 Letter Words

networked

Solution 52

```
U N T C G P A B D I W P
G N F N I R E L A N D T
J B D I M Y K E J P S V
Y C Y E H R T L T N Q D
T G D M R A D A P T F E
T S B H T N B T Y B X F
A O W S E K M U G D N E
F V O T E C I L E Q L N
G R N Q G I F R E O G S
P I P O D C A S T S J E
K P O K S M U E T B Y V
S Y S T E M J D H S K B
```

PODCASTS   PROSTATE   DEFENSE

IRELAND   SYSTEM   INTEND

UNDER   EGYPT   FATTY

Solution 53

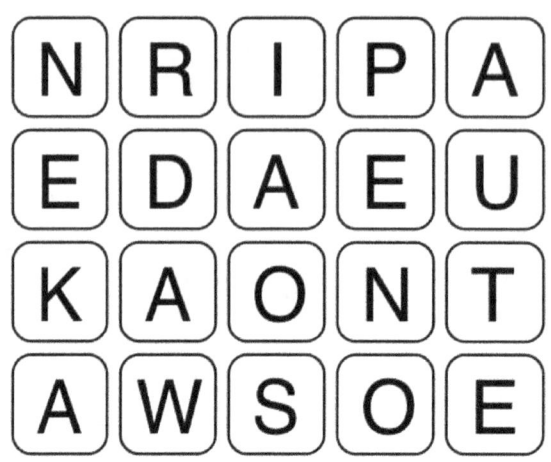

Total: 139

ADEN	ADIEU	ADRIAN	AIDA	AIDE	AIDER	AIRED
ANODE	ANTE	APIA	ARDEN	AREA	AREAS	ARID
AUNT	AUTOS	AWAKE	AWAKED	AWAKEN	DANE	DANTE
DARE	DARN	DAWA	DIANE	DIET	DIEU	DIRE
DONE	DONS	DONUT	DRAPE	DRIP	EARED	EARN
EARNED	EIDER	EIRE	ENDOW	ENDOWS	EONS	ERIE
ETNA	IDEA	IDEAS	IDONEA	IDONEARE	IRAN	KWON
NADIR	NAPA	NAPE	NEAP	NEAR	NEARED	NERD
NODE	NOTE	NOTEPAD	OAKEN	OARED	ONTO	OSAKA
PADRE	PAEAN	PAEANS	PAID	PAIR	PAIRED	PANE
PANS	PANT	PARD	PARDON	PARDONS	PARE	PARED
PEANUT	PEAR	PENS	PENSA	PENT	PEON	PEONS
PETE	PIANO	PIANOS	PUNS	PUNT	RADON	RAID
RANT	RAPE	RAPID	READ	REASON	REDO	REND
RIDE	RIEN	RIPA	RIPE	RIPEN	RIPENS	SAAR
SAKE	SNAP	SNARE	SNARED	SNOOD	SNOT	SNOW
SOAK	SOAKED	SOAP	SOAR	SOARED	SODA	SONAR
SOON	SOOT	SWOON	TEAR	TENS	TEPID	TONE
TONS	TUNA	TUNE	TUNS	UNEARNED	UNTO	WADE
WADER	WAKE	WAKED	WAKEN	WONT	WOOS	

Solution 54

4 Letter Words   Words: 24

fate   feal   feat   felt   fief   fife   file   flea
ilea   late   leaf   left   lief   life   lite   tale
teal   tile

5 Letter Words

fetal   filet   fleta

6 Letter Words

fatale

7 Letter Words

filiate

8 Letter Words

9 Letter Words

affiliate

Solution 55

J	Q	P	T	R	E	K	E	E	S	P	A
U	N	J	W	E	S	V	L	K	R	P	V
P	B	P	I	C	K	S	Q	E	P	E	H
G	U	U	R	T	F	S	F	L	U	U	O
O	J	T	M	N	J	E	A	R	N	O	B
G	O	F	E	E	R	W	W	G	R	G	M
G	I	A	L	M	M	T	E	A	K	N	B
E	N	V	F	G	I	R	T	W	D	I	P
R	I	E	F	D	W	E	V	W	T	B	E
Q	N	O	V	U	S	C	O	R	D	O	Q
V	G	S	R	J	J	P	H	W	B	T	G
A	A	T	T	A	C	K	E	D	R	I	F

ATTACKED   JUDGMENT   JOINING

HUNGER   SEEKER   PREFER

RATES   BINGO   PICKS

Solution 56

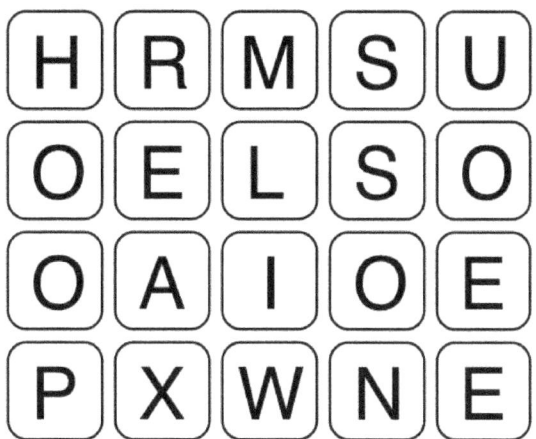

Total: 130

AILS	AISLE	ALISON	ALMS	ALOE	ALOES	ALONE
ALSO	AWOL	AXIS	ELAINE	ELISE	ELMS	ELSE
EOSIN	HEAL	HEALS	HEAP	HELIX	HELM	HELMS
HEMLINE	HEMLINES	HEMS	HERO	HOAX	HOOP	HORMEL
ILEA	IOWA	ISLE	LAIN	LAWN	LEAP	LEIS
LINE	LINES	LION	LIONESS	LOESS	LOIN	LONE
LOOSE	LOOSEN	LOSE	LOSS	LOWNESS	MEAL	MEALS
MELON	MERLIN	MERLON	NILE	NOES	NOISE	NOOSE
NOSE	NOSIER	NOWISE	OEMS	OILER	OILS	OLEO
OLIN	ONES	OPAL	OPALS	OSIER	OSLO	OXALIS
PAIL	PAILS	PAIN	PAIS	PAIX	PALE	PALER
PALM	PALMS	PALO	PALS	PAWN	PAWNEE	
PAWNEES	POEM	POEMS	POOH	POOR	REAL	
REALISM	REALM	REALMS	REAP	REIN	RELAX	RELINE
RELINES	RHEA	SEEN	SENILE	SILO	SINE	SLAIN
SLAP	SLAW	SLIER	SLOE	SLOES	SLOW	SOIL
SOILS	SOLA	SOLE	SOLI	SOON	SOUS	SOUSE
SOWN	WAIL	WAILS	WALE	WILE	WILSON	WINE
WINES	WINO	WINOS	WISE	WOES	WOOS	

Solution 57

Words: 85

4 Letter Words

alps	amps	apes	apse	hasp	heap	help	hemp	lamp
lapp	laps	leap	maps	pale	palm	pals	past	pate
path	pats	peal	peas	peat	pelt	peps	pest	pets
plat	plea	slap	spat	step	tamp	tape	taps	temp

5 Letter Words

ample	apple	heaps	helps	lamps	lapse	leaps
leapt	maple	pales	palms	paste	pates	paths
peals	pelts	petal	phase	plash	plate	plats
pleas	pleat	psalm	sepal	septa	shape	slept
spate	spelt	stamp	tamps	tapes	temps	

6 Letter Words

apples	lappet	maples	palest	pastel	petals
phelps	plates	pleats	sample	staple	

7 Letter Words

amplest   lappets

8 Letter Words

pamphlet

9 Letter Words

pamphlets

Solution 58

```
M F K F G U D D E Y Q R
I M P O R T E D F O D M
W D K L H R U Y C S W B
I F D G S N U W I I L G
S E R Y I U N S E A P P
S A I O J T A T D Y N O
U E N R R H B E S F U M
E L I G P B S N C I G G
D B R M B N T B H L E W
T S E I N V I T E A B I
I S G R J C Q G Y U E O
E P A L U M N I J Q Y E
```

EMPHASIS   IMPORTED   QUALIFY

INVITE   ISSUED   BLADES

ALUMNI   UNION   BEGUN

Solution 59

Total: 132

AARON	AEGIS	AGAIN	AGAR	AGATE	AGENT	AGENTS
AGNATE	ANGORA	ANTE	ANTS	AREA	AREAS	ARGON
ASTER	ASTERN	AUNT	AUNTS	EARN	EAST	EATS
ENTER	ERGO	ETNA	GAIN	GATE	GEAR	GENRE
GENT	GENTS	GNAT	GNATS	GOAT	GOATS	GORE
GRANGE	GRANT	GRANTS	GRATA	GRATE	GREAT	GROAN
GROAT	GROATS	HANG	HANGAR	HANGS	HARE	HAUNT
HAUNTS	HUNG	HUNT	HUNTER	HUNTS	IATA	INTER
INTERN	NAGS	NEAR	NEGATE	NIAGARA	OAHU	OATS
OGRE	ORANGE	ORATE	ORNATE	RAGA	RAGAS	RAGE
RAGS	RANG	RANGE	RANT	RANTS	RATA	RATE
RATS	REAGENT	REAGENTS	RETAIN	ROAN	SAAR	SAGA
SAGE	SAINT	SAINTS	SATAN	SATE	SAWS	SIGN
SIGNA	SINE	SING	SINGE	SINTER	STAG	STAGE
STAGNA	STAGS	STAIN	STAN	STAR	STARE	STERN
STERNA	SWAG	SWAGE	SWAGS	SWAIN	SWAT	TAGS
TAIGA	TANG	TANGS	TARE	TARO	TAWS	TEAR
TEAS	TERN	TWAIN	UNIAT	UNIATE	UNIATS	WAGE
WAGS	WAINAGE	WASTAGE	WASTE	WASTER	WATER	

Solution 60

Words: 81

4 Letter Words

best	bets	bios	bits	boys	byes	elks	isle	keys
kist	kits	leis	lest	lets	lies	list	lobs	lose
lost	lots	obis	oils	silk	silo	silt	site	skit
slit	slob	sloe	slot	soil	soit	sole	soli	ties
toes	toys							

5 Letter Words

belts	betsy	bikes	bilks	bites	blest	blots
boils	boise	boles	bolts	bosky	bytes	islet
kilos	kilts	kites	likes	lobes	obeys	obits
seiko	sibyl	silky	silty	solet	stile	stoke
stole	style	styli	tikes	tiles	toils	yetis
yokes	yolks					

6 Letter Words

blokes   kbytes   yokels

7 Letter Words

obelisk   obesity

8 Letter Words

9 Letter Words

kilobytes

Solution 61

```
G N I A H W L D G O U Y
N Y F S D R O W Y E K F
C B B D R V R U R O H F
P E S A N U V I Q S A Y
G N H W C G C W H C R S
R J Y C B L O A A Y T E
A A O R O E R V V R N B
V M H I V B S A I E J C
I I J U H A K K C S U A
T N S S N L E A S S J W
Y M W V M N E K A T A Y
W D I V I D E H J Y B N
```

BENJAMIN   KEYWORD   GRAVITY

STRIKE   DIVIDE   NASCAR

OCCUR   TAKEN   LABEL

Solution 62

```
L O O R O
N I T E D
G U N T Y
X S L A H
```

Total: 190

ALTER	ANION	ANTE	ANTED	ANTI	ANTIGUN	ANTON	ANTONIO	ANUS
ATTUNE	ATTUNED	ATTUNING	DENS	DENT	DENTAL	DENTING	DOER	DROIT
DROOL	DROOLING	DYER	ENSUING	ETNA	GINS	GNUS	GUNS	GUTTED
GUTTER	HALT	HALTED	HALTER	HATE	HATED	HATER	HATTED	HATTER
HAYED	HYENA	INERT	INLAY	INLAYED	INSULA	INSULATE	INSULATED	INSULT
INSULTED	INTER	INTO	INTOL	INTRO	LANE	LATE	LATENT	LATER
LATH	LATTER	LAYE	LAYER	LINE	LINED	LINER	LINT	LION
LITE	LITER	LITTER	LOIN	LOINS	LOITER	LONG	LONGS	LOOT
LOOTED	LOOTER	LOOTING	LOTTED	LOTUS	LUGS	LUNG	LUNGS	LUTE
NATTER	NERD	NERDY	NERO	NETTING	NINA	NINE	NINETY	NINTH
NOTE	NOTED	NUNS	NUTTER	NUTTY	OLIN	OLIO	ONLINE	ONUS
OTTER	REDO	RENAL	RENT	RENTAL	RENTALS	RENTING	RETINA	
RETINAL	RETOOL	RETOOLING	RODE	RODENT	RODEO	ROIL	ROOT	ROOTED
ROOTING	ROTE	ROTTED	ROTTEN	SLANT	SLANTED	SLANTING	SLAT	SLATE
SLATED	SLATTED	SLAY	SLAYER	SLUG	SLUING	SLUNG	SLUT	SNIT
SNUG	SUING	SUIT	SUITE	SUITED	SUITOR	SULTAN	SUNG	SUNLIT
TANS	TENS	TENT	TENTH	TENTING	TENUIT	TERTIUS	TETANUS	THAN
THANE	TINA	TINE	TINED	TINS	TINT	TINTED	TOED	TOIL
TONG	TONGS	TOOL	TOOLING	TORE	TREY	TROD	TUGS	TUNA
TUNE	TUNED	TUNER	TUNING	TUNINGS	TUNS	ULAN	ULNA	UNION
UNIT	UNITE	UNITED	UNLINED	UNLIT	UNTIL	UNTO	UTTER	YENS
YENTA	YETI							

Solution 63

Words: 81

4 Letter Words

nest	nets	note	onto	rent	rest	root	rote	rots
sent	snot	soot	sort	teen	tees	tens	tern	toes
tone	tons	tore	torn	tree	vent	vest	veto	vets
vote								

5 Letter Words

enter	ernst	ester	event	notes	onset	overt
rents	reset	roost	roots	rotes	snort	steer
steno	stern	steve	stone	store	stove	teens
tenor	tense	terns	terse	toner	tones	torso
trees	trove	vents	voter	votes		

6 Letter Words

enters	events	nester	nostro	resent	revest
stereo	steven	strove	tenors	tenser	tensor
toners	troves	venter	vetoes	voters	

7 Letter Words

estover

8 Letter Words

overtone

9 Letter Words

overtones

Solution 64

M	P	F	Q	V	W	F	I	M	N	M	J
V	Y	L	J	U	T	A	N	P	K	A	L
N	N	S	A	E	O	V	Y	T	E	R	A
	N	M	C	Q	S	A	T	Q	F	R	K	N
	E	J	T	N	D	T	N	E	O	N	I	P
L	J	Q	P	H	L	I	S	D	E	N	B
E	S	D	D	B	P	V	C	O	L	G	J
H	M	B	H	M	M	C	A	S	M	V	M
	R	E	W	A	R	D	J	Y	V	J	C	K
B	W	C	C	H	A	P	T	E	R	A	O
J	P	A	F	M	Y	S	N	N	D	C	U
Q	A	T	N	E	G	R	U	E	B	V	A

PLASTICS   CHAPTER   MARKING

URGENT   QUOTED   REWARD

KERNEL   JEANS   HELEN

Solution 65

Total: 167

AHOY	ANTE	ANTES	APART	APES	APRS	APSE	ARSON	ARTS
ASPEN	ASTON	ASTRAY	ATONE	ATONES	ATOP	AYES	DAPS	DART
DARTS	DIET	DYES	EAST	EATON	EATS	EPSON	ESPARTO	ESPY
ESTRAY	ESTRAYED	ETNA	EYED	EYES	HATE	HATED	HATES	HOED
HOES	HOPE	HOPES	HOPS	NAPA	NAPE	NAPES	NAPS	NATO
NEAP	NEAPS	NEAT	NEST	NOSE	NOSEY	NOTA	NOTAE	OATEN
OATH	OATS	ONES	ONTO	OPEN	PANE	PANES	PANT	PARSE
PARSON	PART	PARTS	PASO	PAST	PASTA	PATE	PATEN	PATENT
PATES	PATS	PEAS	PEAT	PEATY	PENT	PESO	PEST	PEYOTE
POET	POTATO	POTENT	PRAY	PRAYED	RAPE	RAPES	RAPS	RASA
RASE	RASP	RASPY	RAYED	SANE	SANTA	SANTO	SATE	SATRAP
SATRAPY	SEAN	SEAT	SEATED	SEATO	SENT	SETA	SOAP	SOAPY
SONATA	SPADE	SPAN	SPAR	SPARTAN	SPAT	SPATE	SPAY	SPAYED
SPENT	SPOT	SPRAY	SPRAYED	STAN	STANTE	STATE	STATEN	STOAT
STONE	STRAP	STRAY	STRAYED	TAPE	TAPES	TAPS	TATS	TEAPOT
TEAS	TEAT	TEATS	TENT	TEST	THAT	TOAST	TOED	TOES
TONE	TONES	TOPE	TOPES	TOPS	TOTE	TOTED	TOTES	TOTS
TOYED	TRADE	TRAP	TRAPS	TRAY	TYPE	TYPES	TYPO	YAPS
YEAH	YEAS	YEAST	YENTA	YENTAS				

Solution 66

4 Letter Words

Words: 109

airs	ansi	awes	ears	ease	eras	esse	ewes	iras	news
rase	rise	sane	sans	sari	sawn	saws	sean	sear	seas
seen	seer	sees	sera	sere	seri	sewn	sews	sine	sins
sire	sirs	swan	wars	wens	wins	wise			

5 Letter Words

aires	anise	aries	arise	earns	eases	erase	ewers
nears	rains	raise	rases	reins	resin	rinse	risen
rises	saner	saris	sears	seers	seine	sense	sewer
sinew	siren	sires	snare	sneer	swain	swans	swear
swine	wanes	wares	warns	weans	wears	weirs	wines
wires	wiser	wises	wrens				

6 Letter Words

anises	answer	arisen	arises	arsine	easier	erases
raises	renews	resins	rinses	sansei	seesaw	seines
series	sewers	sinews	sirens	snares	sneers	swains
swears						

7 Letter Words

answers   newsier   wearies   wieners

8 Letter Words

wariness

9 Letter Words

weariness

Solution 67

```
J I R M K D R I D J K V
W O D J F J L A O M F U
E H E B R E W K I L Y D
G Y W H P K H I N G W K
M U J T P Z S C G M N J
E H A E N M D S V O P L
R V I R N A K E N B V L
G K C U D T F A T L S T
E T G S M S C N B S O Y
H U M I D I T Y I F E T
F Q O T S M M P R Q M N
C V E D A I C U L I C W
```

HUMIDITY NESTED GUARDS

HEBREW INFANT MERGE

CANON LUCIA DOING

Solution 68

Total: 162

ALIEN	ALIENEE	ALIT	ALITER	ANEW	ANISE	ANITA	ANTE	ANTES
ANTI	ANTIS	ANTS	ASTER	ASTERS	ASTIR	ENTER	ENTERS	ENTIA
ENTIRE	ENTIRETY	ETNA	EYES	INTER	INTERS	IRENE	ISIS	ITAL
LAIN	LAITY	LASER	LASERS	LASS	LASSIE	LAST	LATE	LATEEN
LATENESS	LATER	LATIN	LIEN	LIENEE	LIES	LIRE	LISA	LIST
LISTEN	LISTENER	LISTENERS	LISTER	LISTERS	LITE	LITER	LITERS	LITIS
NEIL	NEST	NETS	NEWT	NISEI	NISI	NITS	REITS	RENEE
RENEW	RENT	RENTAL	RENTALS	RENTS	RESAT	RESIN	RESIT	REST
RETAIN	RETIE	RETINA	RETSINA	RIEN	RISE	RISEN	RITE	RITES
RYES	SAINT	SALIENT	SATE	SATEEN	SATIETY	SATIN	SATINET	SATINY
SATIRE	SENT	SERI	SETA	SIESTA	SINE	SINEW	SINEWY	SINTER
SINTERS	SIRE	SIREN	SIRES	SIRS	SISAL	SISTER	SISTINE	SITE
SITES	SITS	SLAIN	SLAT	SLATE	SLATES	SLATS	SLAV	SLAVS
SLIER	SLIEST	SLIT	SLITS	STAIN	STEIN	STET	STIR	STIRS
TEEN	TEENY	TENERI	TENET	TENETS	TENT	TENTS	TEST	TESTE
TESTIS	TESTY	TIER	TIERS	TIES	TINA	TINE	TINES	TINY
TIRE	TIRES	TWENTIES	TWENTY	VAIN	VAINER	VAINEST	VALISE	VASE
VAST	VASTER	VATS	WEENY	WENT	YENTA	YENTAS	YETI	YETIS

Solution 69

4 Letter Words   **Words: 43**

cede code cone cued deco deed done dude
dune eden need neon node none nude once
unde

5 Letter Words

ceded coded coned deuce donee dunce
educe ended endue nonce ounce

6 Letter Words

conned decode deduce denude deuced
donned dundee dunned educed encode
endued undone

7 Letter Words

encoded

8 Letter Words

denounce

9 Letter Words

denounced

Solution 70

CARNIVAL   OUTDOORS   WEAPONS

PRESTON   RAPIDLY   FRIEND

FOTOS   UNITY   DEPTH

Solution 71

```
V E L W E
I D I T O
E N S T Y
T A A R A
```

Total: 192

ANDS	ANITA	ANSI	ANTE	ANTED	ARSINE	ARTIS	ARTISAN	ARTIST
ARTISTE	ARTS	ARTY	ASIDE	ASTRAY	DEAN	DEANS	DEIST	DEITY
DELI	DELIS	DENIS	DENS	DENSITY	DENT	DIET	DINAR	DINARS
DINE	DINS	DINT	DISTANT	DITS	DITTO	DITTY	DIVE	EAST
EDEN	EDIT	EDITS	EDNA	ELIDE	ELITE	ENDIVE	ENDS	ENID
ENSILE	ENSILED	ETNA	EVIDENT	IDEA	IDEAS	IDLE	INDE	INSIDE
INSTAR	LEIS	LEVI	LEVIED	LIDS	LIED	LINE	LINED	LINT
LISA	LIST	LITE	NARY	NASTY	NATO	NATTY	NEAT	NILE
NITS	RAND	RANDS	RANT	RANTED	RASA	RATA	RATITE	RATS
RATTLE	RATTLED	RATTY	SAAR	SAND	SANE	SANITARY	SANITY	SANTA
SARA	SATE	SATED	SATIN	SATINET	SATYR	SIDE	SIDLE	SILT
SILTY	SINE	SITAR	SITE	SNIDE	SNIT	SNIVEL	STAN	STAND
STANDI	STANTE	STAR	STAY	STEW	STILE	STILT	STINT	
STINTED	STOW	STOWE	STRAND	STRAY	TANS	TARS	TARSI	TASTE
TASTY	TEAS	TEND	TENDS	TENS	TENSILE	TIDE	TIED	TILDE
TILE	TILED	TILT	TILTS	TINA	TINE	TINED	TINS	TINT
TINTED	TISANE	TITAN	TITANS	TITLE	TITLED	TITS	TOTE	TOTS
TOWLINE	TRANSIT	TRAY	TWIN	TWINE	TWINED	TWINS	TWIST	TWISTY
TWIT	TWITS	TYRANT	VEIL	VEIN	VEINED	VEINS	VIDE	VIDI
VIED	VINE	WETS	WIDE	WIDEN	WIDENS	WIELD	WIELDS	WILD
WILDS	WILE	WILT	WILTS	WIND	WINDS	WINE	WINED	WINS
WITS	WITTY	YOWL	YOWLED					

Solution 72

Words: 30

4 Letter Words

berg   bern   bier   brie   brig   buff   bung   burg
burn   gibe   grub   rube

5 Letter Words

begin   begun   being   binge   brief   brine
bring   bruin   burin   fiber

6 Letter Words

bering   brunei   buffer   rebuff

7 Letter Words

buffing   firebug

8 Letter Words

9 Letter Words

buffering   rebuffing

Solution 73

```
P  M  W  E  X  E  C  U  T  E  P  L
E  O  M  S  Z  E  T  N  Y  H  A  O
D  G  T  N  I  L  K  N  A  R  F  N
I  N  K  O  B  U  B  U  J  M  Q  P
I  I  E  M  G  N  N  A  Y  M  P  L
R  B  E  G  J  E  C  I  S  S  Y  U
E  M  V  U  M  K  T  N  O  D  S  W
G  U  V  L  E  W  E  H  T  N  P  Q
O  L  Y  T  T  U  O  K  E  L  S  B
R  P  S  B  E  H  I  E  V  R  W  A
B  O  L  U  B  Y  V  C  E  B  E  Q
T  L  Q  H  A  R  T  F  O  R  D  B
```

TOGETHER   FRANKLIN   PLUMBING

HARTFORD   EXECUTE   JACKETS

UNIONS   QUEUE   ROGER

Solution 74

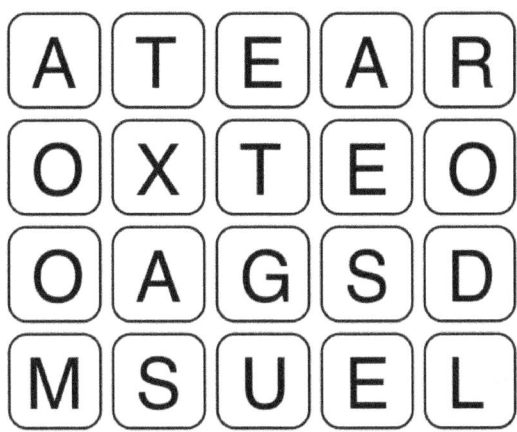

Total: 143

AGED	AGER	AGES	AGUE	AGUES	AMOS	AROSE
ATTAR	AUGER	DEAR	DEGAS	DELS	DOER	DOES
DORA	DOSE	EARED	EATER	EATS	ELDER	ELDEST
ELSE	ERODE	ERODES	EROS	ESTER	EXAM	EXAMS
GAMS	GATE	GATED	GATES	GATT	GEAR	GELD
GELDS	GELS	GEODE	GEODES	GESTAE	GETS	GUAM
GUEST	GUST	GUSTED	LEGATE	LEGATEE	LEGATEES	
LEGATES	LEGE	LEGES	LEGS	LESE	LEST	MAGUS
MATE	MATED	MATER	MATES	MATS	MATTE	MOAT
MOATS	MOOT	OARED	OATS	ODES	ORATE	ORATED
ORATES	ORES	OTTER	RATA	RATAM	RATE	RATED
RATES	RATS	REAE	REDO	REDS	REGATTA	REST
RETTE	RODE	RODS	ROES	ROSE	ROSEATE	
ROSETTE	SAGE	SAGER	SAGES	SAGEST	SAGS	SATE
SATED	SATES	SEAR	SEAT	SEDER	SEGUE	SEGUED
SERA	SETA	SETAE	SLED	SOAR	SOARED	SOMA
SOOT	SORE	STAG	STAGE	STAGED	STAGER	STAGS
STAR	STARE	STARED	STEED	STEER	STET	SUED
SUEDE	SUES	TAGS	TAMS	TARE	TARES	TARO
TAROS	TEAR	TEAT	TEATS	TEED	TEES	TEXAS
TEXT	TEXTS	USAGE	USED	USER		

Solution 75

Words: 58

4 Letter Words

eels, ells, else, eves, evil, isle, lees, leet, leis, lese, lest, lets, levi, lies, lite, live, sell, site, sive, tees, tell, ties, tile, veil, vest, vets, vies, vile

5 Letter Words

elise, elite, elsie, elves, elvis, evils, islet, ivies, leets, level, lisle, lives, sieve, sleet, steel, stele, steve, stile, tells, tiles, veies, veils

6 Letter Words

leslie, levels, levies, lilies, svelte, vilest

7 Letter Words

seville

8 Letter Words

9 Letter Words

liveliest

Solution 76

A	G	U	Q	E	L	O	C	I	N	T	D
E	C	S	F	Q	M	L	G	F	W	T	L
I	K	T	Y	U	Q	T	T	I	M	O	E
W	U	I	V	G	N	O	S	E	V	H	D
S	E	C	Q	S	O	T	R	E	P	N	E
A	S	K	I	W	D	E	R	J	T	K	C
L	I	E	H	L	H	N	W	L	Y	B	E
P	R	R	F	W	Z	G	N	E	T	S	M
H	N	S	O	F	K	M	S	V	H	G	B
I	U	N	T	N	E	C	E	R	E	N	E
J	S	O	T	D	O	K	G	N	S	N	R
G	E	D	I	T	O	R	S	W	W	Q	P

STICKERS   DECEMBER   NOWHERE

EDITORS   SUNRISE   RECENT

NICOLE   LOVER   TWIST

Solution 77

```
T L A T L
R E N H E
O T I N C
S A O W X
```

Total: 161

ALERT	ALERTS	ALTER	ANION	ANITA	ANNE	ANNI	ANNIE	ANNO
ANTE	ANTI	ANTOINE	ANTON	ANTS	ASTER	ASTON	ATONE	CELT
CHALET	CHALETS	CHANNEL	CHANT	CHANTER	CHANTS	CHAT	CHIN	CHINA
CHINE	CHINO	CHIT	CHITS	EATEN	ELATE	ENCHANT	ENCHANTER	
ENCHANTS	ENTIA	EROS	ETHANE	ETNA	HALE	HALT	HALTER	HATE
HENNA	HINT	HINTS	HITS	INCH	INERT	INHALE	INHALER	INLET
INLETS	INNATE	INNER	INTEL	INTER	INTO	INTONE	INTRO	INTROS
IOTA	LANE	LATE	LATH	LATHE	LEAH	LEAN	LEANT	
LENIENT	LENIN	LENT	LENTEN	LENTO	LENTOS	LETHAL	LETS	NEAT
NEATEN	NERO	NETS	NINA	NINE	NINTH	NITS	NOTA	NOTE
OATEN	OATS	ONCE	REAL	REIN	REITS	RELATE	RENAL	RENNET
RENT	RENTAL	RENTS	RETAIN	RETINA	RETINAL	ROAST	ROTA	ROTAS
ROTE	ROTS	SAINT	SATE	SATIN	SATINET	SORE	SORT	SORTIE
STAIN	STEAL	STEIN	STET	STINT	STONE	STONIER	STORE	STOW
TAINT	TALE	TALENT	TALENTS	TEAL	TEAT	TECH	TENCH	TENT
TENTH	TENTS	THAN	THANE	THEN	THIN	THINNER	TIER	TINA
TINE	TINT	TONE	TORE	TORT	TORTE	TOWN	TOWNIE	TREAT
TRENTON	TROT	TROTS	WINCE	WINCH	WINE	WINNER	WINO	WINTER
WITS								

Solution 78

4 Letter Words **Words: 99**

aden   aged   aloe   alto   ante   dale   dane   date   deal
dean   edna   egad   etna   gael   gale   gate   glad   gnat
goad   goal   goat   lade   land   lane   lang   late   lead
lean   load   loan   nato   neat   nota   tale   tang   teal
toad   toga

5 Letter Words

agent   alone   along   angel   angle   anglo   anode
anted   atone   dante   dealt   delta   dotal   eagle
eaten   eaton   eland   elate   gated   genoa   glade
gland   glean   gloat   gonad   laden   leant   nodal
notae   oaten   talon   tango   tonal   tonga

6 Letter Words

angled   atoned   dangle   dental   donate   dotage
eaglet   elated   goatee   lateen   leaden   leaned
legate   legato   loaned   negate   tangle

7 Letter Words

elegant   gleaned   gloated   negated   tangelo
tangled   tangoed

8 Letter Words

danegelt   elongate

9 Letter Words

elongated

Solution 79

Q	M	P	C	R	E	A	C	H	E	S	J	
F	U	H	B	D	E	C	S	S	N	E	F	
E	E	A	H	R	Y	P	Q	J	L	S	J	
H	O	N	L	T	I	C	H	S	I	P	U	
I	E	I	S	I	I	S	O	M	H	O	N	
L	O	A	S	A	T	F	B	G	M	Y	L	
T	N	P	E	I	T	Y	L	A	G	Q	E	
O	U	C	R	V	J	Q	Y	L	N	C	S	
N	N	U	I	L	A	R	F	T	G	E	S	
C	J	D	P	D	J	I	F	J	K	K	C	
O	A	W	X	V	N	O	G	E	R	O	D	
V	A	M	E	F	Q	I	J	A	F	D	O	

BRISBANE   EXPIRES   JELSOFT

REACHES   QUALITY   OREGON

UNLESS   HILTON   NASTY

Solution 80

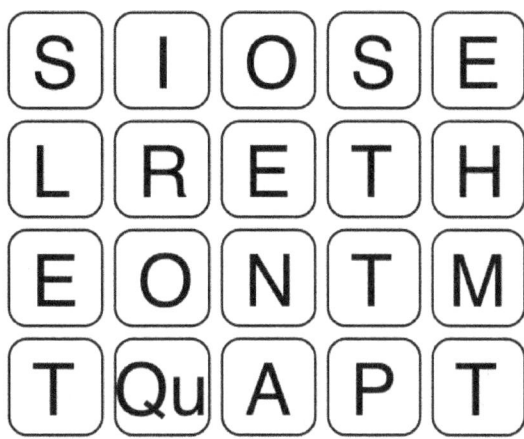

Total: 153

ANTE	ANTES	ANTS	ATTORN	EIRE	ELSIE	EQUATE	EQUATES	ERIE
EROS	ESTER	ESTERS	ETNA	IRON	ISLE	ISLET	LEON	LIEN
LIENOR	LIES	LIRE	LOAN	LOANER	LOANERS	LOATH	LOATHE	
LOATHES	LONE	LONER	LONERS	LORE	LORI	NATTER	NATTERS	NEIL
NERO	NEST	NETS	NOEL	NOELS	NOES	NOTE	OATEN	OATH
OATHS	OILER	OILERS	OILS	OLIO	ONERE	ONES	ONTO	ORES
ORIENT	ORIENTS	ORNATE	OTTER	OTTERS	PANE	PANES	PANT	PANTS
PATE	PATEN	PATENT	PATENTS	PATER	PATES	PATH	PATHS	PATTER
PATTERN	PATTERS	QUATER	QUERIES	QUERN	QUOTE	RELIES	RENO	RENT
RENTS	RESET	REST	RETTE	RIEN	RILE	RIOT	RIOTS	ROAN
ROES	ROIL	ROILS	ROLE	ROSE	ROSETTE	ROSH	ROTE	ROTES
ROTS	ROTTEN	SENT	SERE	SERI	SETA	SETH	SETTER	
SETTERS	SILO	SIRE	SIREN	SIRES	SLIER	SLIEST	SLOE	SLOES
SLOT	SOIL	SOILS	SORE	STENO	STEREO	STERILE	STERN	STERNA
STEROL	STEROLS	STET	STORE	TENOR	TENORS	TENT	TENTH	TENTHS
TENTS	TERN	TEST	TESTE	THESE	TOES	TOIL	TOILE	TOILER
TOILERS	TOILET	TOILS	TONE	TONER	TONERS	TONES	TOQUE	TORE
TORIES	TORN							

Solution 81

Words: 78

4 Letter Words

clue	cole	cone	cues	eons	ices	ilex	isle	leis
lens	leon	lice	lien	lies	lieu	line	lone	lose
luxe	neil	nice	nile	noel	noes	nose	once	ones
oxen	sine	sloe	slue	sole				

5 Letter Words

cline	clone	close	clues	colne	cones	cosen
eosin	liens	lines	louie	louse	nexus	nixes
noels	noise	oleic	ounce	scone	seoul	since
slice	uncle	unsex				

6 Letter Words

clines	clones	coleus	conies	cosine	insole
lesion	nicole	nuclei	oscine	ounces	sluice
uncles	unesco	unisex			

7 Letter Words

counsel   elusion   inclose   lexicon   unclose

8 Letter Words

lexicons

9 Letter Words

exclusion

Solution 82

```
G P S D I T S H B S R D
A M J J O N A T H A N I
N N G K G I O W M D P M
I Y M W E W H N O I I T
M L F Y V K U M C L D K
A K V O M G I T L B C G
J O F S J N U I K R N R
N O Y H A R O P Y Q M A
E R J N E N V S F F N D
B B T F U L L Y M E C E
A D O F L B E C A M E S
F I D E N I M A X E V T
```

EXAMINED   BROOKLYN   BENJAMIN

DOMINANT   JONATHAN   PICTURE

MILLION   BECAME   GRADES

Solution 83

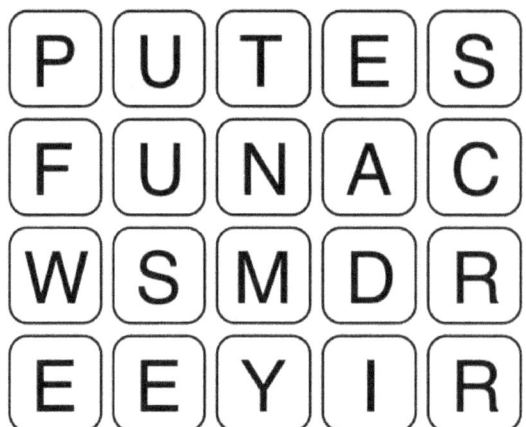

Total: 168

ACES	ACRID	AMID	AMUSE	ANDY	ANTE	ANTES	ANUS	ARCS
ARID	ASCEND	ASCENT	CAME	CAMS	CANDY	CANE	CANES	CANS
CANT	CARD	CASE	CENT	CRAM	CRAMS	CRANE	CRANES	CRATE
CRATES	CRIME	CRIMES	DACE	DACES	DAME	DAMES	DAMN	DAMNS
DAMS	DANE	DANES	DANTE	DATE	DATES	DATUM	DIME	DIMES
DIMS	DRAM	DRAMS	DRAT	DYES	EMACS	EMIR	EMIRATE	
EMIRATES	EMUS	ETNA	EWES	FUME	FUMES	FUND	FUNDI	FUNS
FUSE	IRAN	IRAS	IRATE	MACE	MACES	MACS	MAES	MANE
MANES	MANS	MANSE	MANU	MANUS	MARDI	MATE	MATES	MESE
MESNE	MEWS	MIDAS	MUSE	MUTE	MUTES	NADIR	NAME	NAMES
NARR	NEAR	NEAT	PUMA	PUMAS	PUNS	PUNT	RACE	RACES
RAMS	RAND	RANDY	RANT	RASE	RATE	RATES	RIME	RIMES
RIMS	SAME	SAND	SANDY	SANE	SANS	SARI	SATE	SCAM
SCAMS	SCAN	SCANS	SCANT	SCAR	SCAT	SCENT	SCRAM	SCRAMS
SCRIM	SCRIMS	SEAM	SEAMS	SEAMY	SEAN	SEAR	SEAT	SECANT
SEEM	SEMI	SEND	SENSE	SENT	SETA	SMUT	SUMAC	SUMACS
SUNDAE	SUNDAES	SUNUP	SWUM	TAME	TAMES	TAMS	TANS	TANSY
TARDY	TEAM	TEAMS	TEAR	TEAS	TEND	TENS	TENSE	TUMID
TUNA	TUNAS	TUNDRA	TUNE	TUNES	TUNS	YEWS		

Solution 84

Words: 78

4 Letter Words

alas	ales	alts	ease	east	eats	eels	else	esau
eves	last	leas	lees	lese	lest	lets	lust	sale
salt	sate	saul	save	seal	seat	seta	slat	slav
slue	slut	suet	suva	teas	tees	vase	vast	vats
vest	vets							

5 Letter Words

atlas	easel	eaves	elves	laesa	laves	lease
least	leets	lutes	salve	setae	slate	slave
sleet	stale	stave	steal	steel	stele	steve
suave	talas	tales	teals	tease		

6 Letter Words

aleuts	avulse	elates	elutes	leaves	salute
svelte	teasel	valets	values	vaults	vestal

7 Letter Words

8 Letter Words

valuates

9 Letter Words

evaluates

Solution 85

```
L U Q M Y C A V I R P L
T F H K U M D S C H T G
M U U E H B F E L G A E
F L O V I A Y F K P I C
G Y R C L L L R V M P H
N L B U L K B I M M S A
I B N E H I V O F T M N
T M K B M T G H N A P C
E E N R C U R E S W X E
E S G Y J S M A T O O K
R S H O T O O D O D Q T
G A S J M J P W F G U Y
```

ASSEMBLY   GREETING   PRIVACY

MOMENTS   HALIFAX   ARTHUR

CHANCE   KELLY   EAGLE

Solution 86

```
I S A A E
W O I S U
P T O C S
Y L A D E
```

Total: 130

ACED	ACES	ALTO	ALTOS	ASCOT	ASIA	ATOP
CADS	CITY	COAL	COAT	COATI	COATIS	CODA
CODE	CODES	CODS	COITAL	COLA	COLT	COOP
COOS	COOT	CUES	CUSS	CUSSED	DACE	DACES
DECAL	DECO	DOIT	DOLT	DOSE	DOSS	DOTAL
DOTIS	ESAU	ESSE	ICED	ICES	ICUS	IOTA
ISIS	ISSUE	ITAL	ITALY	LACE	LACED	LACES
LADE	LADES	LADS	LAOS	LOAD	LOADS	LOCA
LOCI	LOCUS	LODE	LODES	LOOP	LOOPY	LOOT
LOSE	LOSS	OASIS	ODES	OPTIC	OPTICAL	OPTICS
OTIOSE	PLACE	PLACED	PLACES	PLACIT	PLAT	PLATO
PLATY	PLOD	PLODS	PLOT	POISE	POOL	POSIT
POWS	SASS	SASSED	SAUCE	SAUCED	SAUCES	SCADS
SCALP	SCALY	SCAT	SCOOP	SCOOT	SCOT	SCOTIA
SECUS	SODA	SODS	SOIT	SOLA	SOLACE	
SOLACED	SOLACES	SOLATIA	SOOT	SOOTY	SUES	SWOP
TACO	TACOS	TADS	TICS	TISSUE	TOAD	TOADS
TOOL	TOSS	TOSSED	TOWS	TWOS	TYPO	TYPOS
USED	WOOD	WOODS	WOOL	WOOS		

Solution 87

Words: 52

4 Letter Words

eons exit neon nest nets next nine noes none
nose note ones oxen seen sent sine site teen
tees tens ties tine toes tone

5 Letter Words

eosin exist exits inset nines nixes noise
notes onset seine stein steno stone teens
tense tines tones xenon

6 Letter Words

intone sexton sonnet tenens tennis

7 Letter Words

intense intones sixteen tension

8 Letter Words

9 Letter Words

extension

Solution 88

COURTESY

ENGAGED

RECIPE

ULTRAM

KUWAIT

GROUND

KNOCK

TULSA

EXTRA

Solution 89

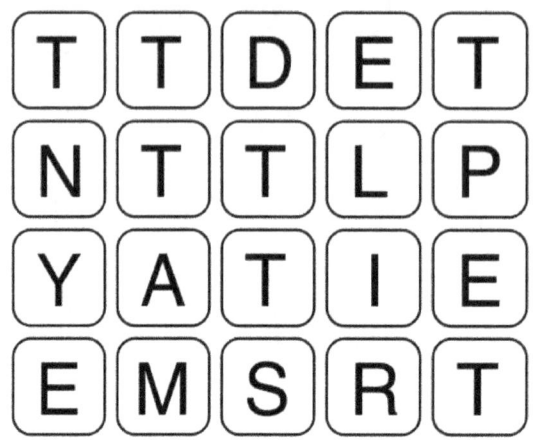

Total: 131

ASTIR	ATELIER	ATELIERS	ATTIRE	DELI	DELIS	DELTA
DELTAS	DEPT	EASIER	EAST	EATS	ELITE	
EPISTLE	LEIS	LEPER	LEPERS	LIRE	LISA	LIST
LITANY	LITE	LITER	LITERS	MANY	MAST	MATE
MATED	MATS	MATTE	MATTED	MATTEL	MEAN	MEANT
MEAT	MEATIER	MEATS	MEATY	MYNA	NAME	
NASTIER	NATTIER	NATTY	PELT	PELTED	PELTS	PERIL
PERILED	PERSIL	PERT	PERTS	PETIT	PETITE	
PETTIER	PETTY	PIER	PIERS	PILE	PILED	PISA
PITMAN	PITS	PITT	PITTA	PITTED	PLED	PLIERS
REITS	REPEL	RILE	RILED	RIPE	RITE	SAME
SATE	SATED	SATIRE	SILT	SILTED	SIRE	SITAE
SITE	SITED	STAN	STATE	STATED	STATELIER	STAY
STILE	STILT	STILTED	STIR	STRIP	STRIPE	
STRIPED	TAME	TAMS	TASTIER	TATS	TATTED	
TATTIER	TATTLE	TATTLED	TATTLER	TATTLERS	TATTY	TIER
TIERS	TILDE	TILE	TILED	TILER	TILERS	TILT
TILTED	TILTS	TIRE	TITAN	TITLE	TITLED	TITS
TITTLE	TRIP	TRIPE	TRIPLE	TRIPLED	TRIPLET	TRITE
YAMS	YEAS	YEAST				

Solution 90

Words: 63

4 Letter Words

clod	code	cods	coil	cold	cole	deco	does	dole
doli	dose	duos	idol	ious	loci	lode	lose	loud
odes	oils	olds	silo	sloe	soil	sold	sole	soli
soul								

5 Letter Words

clods	close	cloud	codes	coils	colds	could
disco	doles	douse	idols	locus	lodes	louie
louis	louse	oiled	oldie	oleic	scold	seoul
soled	solid					

6 Letter Words

closed	clouds	coiled	coleus	docile	escudo
loused	oldies	soiled	solidi		

7 Letter Words

doilies

8 Letter Words

9 Letter Words

delicious

Solution 91

```
T S E C N E E D W C C K
R T C J Q B E A N S K T
E H R K E R R E L E E R
B R E Q Q L J R A J Y O
Y F Q E G B B T Q D H Q
A M B J R O R I S D N W
M F P S Q C R G X R N K
L D Q U M A C E A E I V
Y I E G B J U J D A L F
Q V G A E C N V A N U F
N A Y T T E R P H S U L
D D V D E L T I T N U T
```

FLEXIBLE   UNTITLED   PRETTY

FIRST   JACOB   BEANS

DAVID   UNDER   MAYBE

Solution 92

Total: 140

ANAL	ANEW	ANTE	ANTES	ANTS	AVON	EATEN
EATS	EAVES	ELATE	ELATES	ELEVEN	ELVES	ETNA
EVAN	EVEN	EVENT	EVENTS	EVES	FEIN	FELO
FELON	FELT	FELTS	FINE	INFRA	INVENT	
INVENTS	INVEST	JOAN	JOEL	JOLT	JOLTS	JOTS
JOVE	LANE	LANES	LATE	LATEST	LAVE	LAVES
LEAL	LEAN	LEANEST	LEANT	LEAVE	LEAVEN	LEAVES
LENT	LEON	LEST	LETS	LEVANT	LEVEL	LOAN
LOAVES	LONE	LOTS	LOVE	LOVES	NAVE	NAVEL
NAVES	NEAT	NEATEST	NEON	NEST	NESTLE	NETS
NETTLE	NOEL	NOES	NOTE	NOTES	NOVA	NOVAE
NOVEL	NOVENA	OATEN	OATS	OLEFIN	OVAL	OVATE
OVEN	SEAL	SEAN	SEAT	SEATTLE	SENT	SETA
SETAE	SETTLE	SEVEN	STALE	STAN	STAVE	STEAL
STELE	STET	STEVE	STEVEN	STOAT	STOLE	STOLEN
STONE	STOVE	TALE	TEAL	TEAT	TEATS	TENT
TENTS	TEST	TOES	TONE	VALE	VANE	VANES
VATS	VEAL	VEIN	VELA	VENAL	VENT	VENTS
VEST	VESTAL	VETO	VETS	VOLE	VOLES	VOLT
VOLTS	VOTE	VOTES	WELT	WELTS	WIFE	WINE
WINO						

Solution 93

Words: 124

4 Letter Words

abel	abet	able	abut	albs	bale	base	bass	bast	bate
bats	beat	beau	belt	bess	best	beta	bets	bleu	blot
blue	boas	boat	bola	bole	bolt	boss	bote	bout	buss
bust	buts	elba	labs	lobe	lobs	slab	slob	sobs	stab
stub	subs	tabs	tuba	tube	tubs				

5 Letter Words

abets	about	abuse	abuts	bales	basel	bases	basle
baste	bates	beast	beats	belts	bests	betas	blast
bleat	bless	blest	bleta	bloat	blots	blues	boast
boats	bolas	boles	bolts	bolus	bouts	buses	busts
lobes	sable	sabot	slabs	slobs	stabs	stubs	table
tubas	tubes						

6 Letter Words

ablest	abuses	basest	basset	bastes	beasts	blasts
bleats	bloats	blouse	bluest	bluets	boasts	boatel
bustle	oblate	obtuse	sables	sabots	stable	suable
sublet	subset	subtle	tables	usable		

7 Letter Words

blouses	boatels	boletus	boluses	bustles	oblates
stables	sublets				

8 Letter Words

absolute

9 Letter Words

absolutes

Solution 94

T	E	X	T	U	R	E	G	P	A	K	D
N	L	E	N	T	E	R	O	W	T	L	M
A	R	O	B	H	E	G	D	B	L	B	H
I	I	W	M	L	C	D	E	F	Q	F	I
K	A	V	V	S	O	T	A	U	E	E	N
A	N	A	I	D	T	U	A	W	D	K	W
V	E	N	U	E	E	N	E	I	G	B	S
O	R	Q	R	P	T	E	S	L	E	G	Q
L	A	O	V	I	M	E	R	B	B	B	E
S	K	S	T	P	B	Y	I	B	N	I	K
C	B	Y	P	K	A	A	R	D	G	B	L
C	H	O	I	C	E	B	E	F	H	T	J

QUANTITY   SLOVAKIA   TEXTURE

BETTER   BESIDE   CHOICE

ENTER   BREED   KAREN

Solution 95

```
T  E  C  I  S
T  A  I  O  L
L  S  D  O  F
H  S  A  E  N
```

Total: 143

ACID	ACIDS	ADEN	ADIOS	AIDA	AIDE	AIDS
ALTS	ASIA	ASIDE	CADS	CASH	CAST	CASTE
CATS	CISTA	CODA	CODAS	CODE	CODS	COIL
COILS	COLON	COOED	COOL	COOLS	COON	DACE
DAIS	DASH	DATE	DIAL	DIALS	DICA	DICE
DIET	DIETS	DISH	DISTAL	DOLI	DONE	EAST
EATS	FEAST	FEOD	FEODAL	FEODS	FLOC	FLOE
FLOOD	FLOODS	FOCAL	FOCI	FOIL	FOILS	FOIST
FOLIC	FOLIO	FOLIOS	FOOD	FOODS	FOOL	FOOLS
IDEA	IDEAS	IDOL	IDOLS	IDONEA	LACE	LADE
LADEN	LADS	LAIC	LAID	LASH	LASS	LAST
LATE	LICE	LICET	LOAD	LOADS	LOCA	LOCAL
LOCALS	LOCATE	LOCI	LODE	LONE	LOON	NODAL
NODE	NODS	NOLO	OCAS	ODEON	OILS	OLIO
OSLO	SADIST	SAID	SALSA	SALT	SASH	SATE
SIDE	SILO	SLASH	SLAT	SLATE	SLATS	SLICE
SLOE	SOCIAL	SOCIALS	SOCIETAL	SOCIETAS	SODA	SODAS
SODS	SOIL	SOLI	SOLO	SOLOED	SOLOIST	SOON
STACIE	STAID	STATE	STEAD	STEAL	STEALS	STET
TACO	TACOS	TADS	TASTE	TATS	TEAL	TEALS
TEAS	TEAT	TEATS				

Solution 96

4 Letter Words

Words: 89

aids	airs	ands	ansi	anus	asia	dais	digs	dins
duns	gads	gars	gins	gnus	guns	iras	nags	rags
rasa	rids	rigs	rugs	runs	saga	said	sand	sang
sara	sari	sign	sing	snag	snug	sung	surd	urns

5 Letter Words

agars	angus	argus	arias	asian	audis	auras
darns	dings	drags	drugs	gains	gaius	girds
grads	grids	grins	guars	indus	ragas	raids
rains	rands	rinds	rings	ruins	rungs	saran
saudi	sauna	signa	sudan	sugar	suing	using

6 Letter Words

dinars	drains	gradus	grains	grinds	guards
nadirs	naiads	radius	rasing	sandra	unsaid

7 Letter Words

iguanas   radians   sangria   saurian

8 Letter Words

9 Letter Words

gardianus   guardians

Solution 97

```
W Y D H L E W Y D S D W
I N Y I C A T W E E D N
L W A G G R T A B M E J
A F Q T I N Q T F N V A
C A G P Q P O R E V I B
C C Y N G G O R L R A Q
A T I B I I N R E H N N
D O Q Q R M C D W D T A
O R Q E V U I O E S N M
H P T L U I C T G S W O
L X O C E V Y R R E F F
E K I D N E Y S L A E D
```

EXTERIOR   IGNORED   DEVIANT

TIMING   FACTOR   LATTER

KIDNEY   DEALS   FERRY

Solution 98

```
S H E N U
T P O Y K
A R N T C
W A I S E
```

Total: 220

AARON	ANISE	ANON	ANSI	ANTE	ANTES	ANTI	ANTIS	ANTON	ANTONY
ANTS	ANYONE	APHONIA	APRON	APRONS	ARIA	ARISE	ARTS	ATRIA	AWAIT
AWAITS	EONS	ESTONIA	ESTOP	ESTOPS	ETNA	HEPARIN	HONE	HONEY	
HONIARA	HONK	HONKY	HOPE	HOPS	HORA	HORN	HORNS	HORNY	HOTS
INSECT	INSET	INTO	INTONE	IRAN	IRON	IRONS	IRONY	KNOT	KNOTS
NEON	NITS	NONE	NORTH	NOTE	NOTES	ONSET	OPEN	OPTS	PARIA
PARIS	PARITY	PART	PARTHENON	PARTS	PATH	PATHS	PATRIA	PATRON	
PATRONS	PATS	PEON	PEONS	PEONY	PEORIA	PEYOTE	PHONE	PHONY	PONIT
PONTES	PONY	PORN	PORT	PORTS	POTS	PRAISE	PRAT	PRINT	PRINTS
PRIS	PRONE	RAIN	RAINS	RAINY	RAISE	RANT	RANTS	RAPE	RAPS
RAPT	RATS	RINSE	RISE	RITE	RITES	ROPE	ROPEY	ROTE	ROTES
ROTS	ROYCE	SECT	SECTOR	SHOE	SHONE	SHOP	SHORAN	SHORN	SHORT
SHOT	SHOTS	SITE	SNIT	SNORT	SNORTS	SNOT	SPAR	SPAT	SPONTE
SPORT	SPOT	SPOTS	SPRAIN	SPRAINS	SPRAT	SPRINT	SPRINTS	SPRIT	SPRITE
SPRITES	SPRITS	STAR	STIR	STONE	STONY	STOP	STOPS	STRAIN	
STRAINS	STRAIT	STRAITS	STRAP	STRAW	STROP	STROPHE	TAPE	TAPS	TARO
TAROT	TAROTS	TARP	TARPON	TARPONS	TARPS	THEN	THEORIST	THEY	THORN
THORNS	THORNY	TIARA	TINA	TINS	TINY	TONE	TONS	TONY	TOPE
TOPS	TORN	TORT	TORTS	TRAIN	TRAINS	TRAIT	TRAITS	TRANSIT	TRAP
TRAPS	TRISECT	TRITE	TRITON	TRITONS	TROP	TROPE	TROT	TROTS	TROY
WAIST	WAIT	WAITS	WANT	WANTON	WANTS	WARN	WARNS	WARP	
WARPATH	WARPATHS	WARPS	WART	WARTS	WRAP	WRAPS	WRATH	WRIST	WRIT
WRITE	WRITES	WRITS	WROTE						

Solution 99

Words: 53

4 Letter Words

dies	diet	dips	dits	edit	idee	ides	ipse	pied
pies	piss	pits	side	sips	site	sits	spit	tide
tied	ties	tips						

5 Letter Words

deist	diets	edits	idees	pedis	piste	sides
sited	sites	spied	spies	spite	spits	sties
tepid	tides					

6 Letter Words

deists	desist	espied	espies	pissed	pisses
seised	sepsis	spited	spites		

7 Letter Words

desists   despise   despite

8 Letter Words

despises   sidestep

9 Letter Words

sidesteps

Solution 100

```
A D W V A L L E Y C H C
K B V C P O C J F I H A
Q B A K N W B V N E M N
D W S P C R Y S S G O A
R I F P S Y E T U U M D
I U F P Q C E I U L E I
N Q O F T K D E O E N A
K Y Y S C A G S L E T N
I U H I N Y M M I J U T
N M T C M K G K W B M V
G G E M M W K F D S N J
R Y Y M A E R D L V F H
```

GUIDANCE   MOMENTUM   CANADIAN
DRINKING   TICKETS   INSECTS
VALLEY   DREAM   JIMMY

Solution 101

Total: 173

AGNES	AILS	AIRES	AIRS	AIRY	ALAN	ALAS	ALEC	ALES
ALICE	ALKALI	ALKALINE	ALKALIS	ALMS	ALOE	ANAL	ANALOG	ANGARY
ANGOLA	ANKLE	ANKLES	ARCING	ARCS	ARENA	ARENAS	ARIL	ARILS
ARLES	ARSINE	CERA	CRAG	CRANE	CRANES	CRANK	CRINGE	
CRINKLE	CRINKLES	CYRIL	EARL	EARLS	EARN	EARS	ELMS	ENRAGE
ERIC	ERIN	GAIL	GAIN	GAINER	GAINERS	GAINERY	GAINS	GALS
GARS	GARY	GEAR	GEARS	GNARL	GNARLS	GOAL	GOALS	ICES
IRAN	KALE	KAOLIN	KAREN	KARL	KLAN	LAIC	LAIN	LAIR
LAIRS	LANAI	LANE	LANES	LANG	LANK	LANKA	LASER	LASERS
LENIN	LIANA	LIANAS	LIAR	LIARS	LICE	LINE	LINER	LINERS
LINES	LINGO	LINK	LINKAGE	LIRA	LIRE	LOAN	LOANER	
LOANERS	LOGE	LOIN	LOINS	LOIRE	MELANGE	MELANIN	MENAGE	MENIAL
MENIALS	MERCIAN	MERCY	MERS	MESA	NAIL	NAILS	NARY	NASAL
NICE	NICER	NINA	NINE	NINES	OARING	OARS	OILS	OLIN
RAGE	RAIL	RAILS	RAIN	RAINS	RANG	RANGE	RANK	RANKLE
RANKLES	RENAL	RIAL	RIALS	RICE	RING	RINK	RYES	SALE
SALEM	SANE	SANER	SANG	SANK	SCENARIO	SCIRE	SENAGE	SERA
SERI	SERIAL	SERIALS	SILAGE	SILO	SINE	SING	SINGE	SINK
SIRE	SIREN	SIRES	SLAG	SLAIN	SLANG	SLICE	SLICES	SLING
SLINK	SLOE	SLOG	SLOGAN					

Solution 102

4 Letter Words

Words: 161

ails	ales	alit	alts	aril	earl	ella	ells	gael	gail	gale	gall	gals	gels	gelt	gill
gilt	girl	ilea	ills	isle	ital	lags	lair	last	late	leal	leas	legs	leis	lest	lets
liar	lies	lilt	lira	lire	lisa	list	lite	rail	real	rial	rile	rill	sail	sale	salt
seal	sell	sill	silt	slag	slat	slit	tail	tale	tall	teal	tell	tile	till		

5 Letter Words

agile	aisle	alert	alter	argil	arils	arles	earls	elias	gaels	gales	galls	gills
girls	glare	grail	grill	islet	lager	lairs	large	laser	later	least	legal	legit
liars	lilts	liras	lisle	liter	rails	regal	rials	riles	rills	slate	slier	stale
stall	steal	stile	still	tails	tales	teals	tells	tiler	tiles	tills	trail	trial
trill												

6 Letter Words

alerts	aliter	allies	alters	argils	glares	grails	grille	grills	israel	lagers
ligare	lister	litera	liters	retail	sallie	serial	silage	staler	taller	tilers
tiller	trails	trials	trills							

7 Letter Words

algiers	glister	grilles	gristle	largest	legalis	literal	rallies	realist
regalis	retails	saltier	stellar	stiller	tallies	tillage	tillers	trellis

8 Letter Words

legalist

9 Letter Words

allergist

Solution 103

```
J F Q P E B B W H U P I
C W L Y W M J B K K C F
L N N Q U E U E A E B T
Y K S E L O R V T D C E
H E J C L U Y H F A U K
R N E S L A G J Y G W C
U T T R D U T C N Q T O
N U A E O E R E B J J P
W C R O M M R W X K E Y
Y K E O A A W I B O V R
S Y P Q H C L U F W T F
C W O W V H R F W J J N
```

KENTUCKY   OPERATE   POCKET
FLAME   OUGHT   QUEUE
LATEX   FIRED   ROLES

Solution 104

```
H T B R S
A E T F O
P N R A M
O O H J M
```

Total: 134

AFRO	AFROS	AFTER	AMMO	AMOS	ANTE	AREA
ARENA	ATTAR	BEAN	BEAT	BENT	BERN	BERT
BETA	BETH	BROS	ETNA	FARE	FARO	FART
FATE	FATTEN	FATTER	FOAM	FORT	FORTE	FRET
FRETA	FROM	FRONT	HAFT	HARE	HART	HATE
HATER	HATTER	HEAP	HEAT	HERO	HERON	HONE
HOOP	HOPE	HORA	HORN	HORNET	MARE	MAROON
MART	MARTEN	MATE	MATER	MATERNA	MATRON	MATTE
MATTER	MOAT	MORS	MORT	MORTAR	NAPE	NATTER
NEAP	NEAT	NERO	OAFS	OATEN	OFTEN	OPEN
OPERA	ORATE	ORNATE	PANE	PANT	PATE	PATEN
PATENT	PATER	PATH	PATTER	PATTERN	PEAT	PENH
PENT	PERT	POOH	POONA	POOR	PORE	PORN
PORNO	PORT	RAFT	RATE	RATTAN	REAP	RENO
RENT	REPO	RETRO	RHONE	ROAM	ROAR	ROPE
SOAR	SOFA	SOFT	SOFTEN	SOFTER	SOMA	SORB
SORBET	SORT	SORTER	TAPE	TAPER	TARE	TARO
TEAT	TENOR	TENT	TERN	TETRA	THAN	THANE
THEN	THETA	TRAM	TREAT	TREPAN	TROOP	TROP
TROPE						

Solution 105

4 Letter Words

Words: 70

adit aide arid diet dire dirt edit fair fait
fiat fide fire gait gift gird girt grid grit
idea raid reif ride rife rift riga rite tide
tied tier tire trig

5 Letter Words

afire aider aired digit dirge drift faire
feria fetid fidei fieri fired fried grief
irate radii refit regii ridge rigid tiger
tired triad tried

6 Letter Words

adrift   faired   fidget   fregit   fridge   frigid
gaiter   gifted   rifted   tidier   tirade   triage

7 Letter Words

frigate

8 Letter Words

ratified

9 Letter Words

gratified

Solution 106

K	C	H	C	W	N	S	G	S	O	C	Y
P	I	D	D	E	S	U	A	C	F	E	O
H	R	N	Q	R	M	O	D	N	S	T	W
T	C	O	H	E	L	C	V	C	U	A	W
L	U	R	T	M	E	Y	A	R	L	N	I
D	L	M	N	O	P	P	N	F	T	I	T
T	A	A	O	V	E	E	R	V	T	E	W
N	R	L	A	E	D	E	C	H	S	G	Y
W	J	G	H	D	D	M	L	J	F	U	V
U	K	Q	F	L	W	Q	B	O	C	A	J
R	A	I	W	A	G	T	G	E	A	E	U
U	Y	C	H	R	O	N	I	C	Q	S	A

CIRCULAR   REMOVED   CHRONIC

CAUSED   ALFRED   TURNED

NORMAL   ESCAPE   JACOB

Solution 107

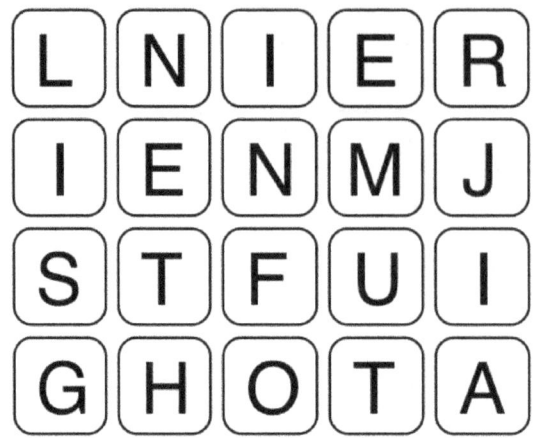

Total: 134

AUNT	AUNTIE	AUNTIES	AUNTS	EFTS	EMINENT	EMIT
ENLIST	ENNUI	ERMINE	ERMINES	FEIN	FEINT	FEINTS
FETISH	FOUNT	FOUNTS	FUJI	FUME	FUNNEL	
FUNNIER	FUNNIES	FUNNIEST	HOTEL	HOTS	INFEST	INFO
INLET	INLETS	INNER	INTEL	INTO	INUIT	
JENNIES	JUNE	JUNES	JUNTO	LEFT	LEFTS	LEIS
LENIENT	LENIN	LENINIST	LENT	LENTO	LEST	LETS
LIEF	LIEN	LIES	LINE	LINEN	LINES	
LINIMENT	LINIMENTS	LINNET	LINNETS	LIST	LISTEN	
LISTENER	LITE	MENTE	MENTIS	MENU	MIEN	MINE
MINER	MINES	MINI	MINIS	MINT	MINTS	
MINUTIA	MUFTI	MUFTIS	NEIL	NEST	NETS	NILE
NINE	NINES	NINTH	NINTHS	NISEI	NITS	OFTEN
OFTENER	REIN	REMIT	RENNET	RENT	RENTS	SEINE
SENT	SETH	SHOT	SHOUT	SILENT	SINE	SINN
SINNER	SITE	STEIN	STILE	STOUT	TAUNT	TAUNTS
TENNIS	TENUIT	TIES	TILE	TILES	TIME	TIMER
TINE	TINES	TINIER	TINNIER	TOFU	TOTE	TOTES
TOTS	TOUT	TUFT	TUFTS	TUNE	TUNER	TUNES
TUNNEL	TUNNIES	UNTIE	UNTIES	UNTIL	UNTO	

Solution 108

Words: 113

4 Letter Words

dine	ding	done	dong	doni	enid	erin	glen	gone	grin
inde	iron	lend	leon	lien	limn	line	lion	loin	lone
long	mend	mien	mind	mine	morn	neil	nemo	nerd	nero
nile	node	noel	noir	nome	norm	olin	omen	omne	rein
rend	reno	rien	rind	ring					

5 Letter Words

deign	demon	denim	diner	dingo	doing	drone	gnome
goner	grind	groin	lemon	lined	liner	lingo	loner
melon	mined	miner	minor	negro	nigel	niger	noire
olden	regni	reign					

6 Letter Words

doling	dolmen	doming	dongle	eloign	engird	gideon	
golden	ignore	ironed	legion	lienor	limned	limner	
linger	longed	longer	merino	merlin	merlon	minder	
mingle	modern	monger	nimrod	oilmen	region	remind	
ringed							

7 Letter Words

eroding	gremlin	ignored	lording	melding	mingled
molding	mongrel	negroid			

8 Letter Words

modeling

9 Letter Words

moldering   remolding

Solution 109

```
S  K  V  E  J  K  E  V  I  N  U  A
D  J  U  N  C  T  I  O  N  K  G  G
D  L  D  H  D  Y  A  J  M  E  H  A
J  H  J  O  H  J  Y  A  J  Y  B  B
P  W  A  B  Q  N  C  C  J  B  D  R
I  R  N  N  Y  I  P  K  P  O  J  I
F  D  O  D  D  S  Y  E  F  A  H  E
J  P  L  P  E  B  R  T  W  R  E  L
P  V  I  V  E  P  O  S  H  D  I  Y
S  T  D  O  O  R  O  I  H  I  M
L  L  O  L  K  E  S  H  K  N  M  D
M  C  W  Q  W  J  S  N  E  Z  O  D
```

HANDBOOK   JUNCTION   KEYBOARD

JACKETS   GABRIEL   DOZENS

PROPER   HOPED   KEVIN

Solution 110

Total: 192

AKIN	ANEW	ANITA	ANSI	ANTE	ANTED	ANTES	ANTS	AVID
DEAN	DEANS	DENS	DENSE	DENT	DENTS	DEPT	DESK	DETAIN
DETAINS	DIES	DIKE	DIKES	DISK	DISSENT	DIVA	DIVE	DIVS
EATS	EDEN	EKED	EKES	ESSE	ETNA	EVIDENT	HANK	HANKIE
HANKIES	HANKS	HANSE	HANSES	HATE	HATED	HATES	HATS	HIKE
HIKED	HIKES	HINT	HINTED	HINTS	IDEA	IDES	INEPT	INKED
INKS	INSET	INSETS	INSIDE	INSIDES	JAKE	KATE	KATIE	KEPT
KIDS	KIEV	KISS	KISSED	KITE	KNEW	KNIT	NEAT	NEST
NETS	NEVI	NEVIS	NEWT	NIKES	NINA	NINE	NINES	PEAT
PEDIS	PENH	PENS	PENSIVE	PENT	PEST	PETS	SEAN	SEAT
SEATS	SENSE	SENSED	SENT	SEPTA	SETA	SETS	SIDE	SIDES
SIVE	SKATE	SKEIN	SKEW	SKID	SKIDS	SKIED	SKIN	SKIT
SNEAK	SNEAKED	SNIT	SPED	SPENT	STAIN	STAINED	STAINS	STAN
STANK	STEP	TAKE	TAKEN	TAKES	TANK	TANKED	TANKS	TANS
TEAK	TEAKS	TENET	TENETS	TENS	TENSE	TENSED	TENSES	
TENSEST	TENT	TENTED	TENTS	TIKE	TIKES	TINA	TINE	TINED
TINES	TINS	TINT	TINTED	TINTS	TWEAK	TWEAKED	TWEAKS	TWIN
TWINE	TWINED	TWINES	TWINS	VEIN	VEINED	VEINS	VENIA	VENT
VENTED	VENTS	VIDE	VIED	VIES	VISNE	VISNES	WEAK	WEAKEN
WEAKENS	WEAKEST	WEAKNESS	WENS	WENT	WHAT	WHINE	WHINED	WHINES
WHIT	WHITE	WHITEN	WHITENED	WHITENESS	WHITENS	WINE	WINED	WINES
WINK	WINKED	WINKS	WINS					

Solution 111

Words: 116

4 Letter Words

arks	ayes	bars	base	bask	bays	beds	boas	boys	bras
bros	byes	dabs	days	desk	does	dose	dyes	ears	easy
eras	eros	keys	oaks	oars	odes	orbs	ores	rase	rays
reds	robs	rods	roes	rose	rosy	ryas	ryes	sake	sear
sera	serb	soak	soar	soda	sorb	sore	soya	yaks	yeas

5 Letter Words

arose	asked	bakes	bards	bares	barks	based	baser
beads	beaks	bears	boars	bodes	boers	bores	bosky
brads	braes	brays	byres	dares	darks	dears	doers
dorsa	drabs	drays	dyers	dykes	kayos	obeys	okays
okras	oyers	rakes	rased	reads	roads	robes	saber
sober	yards	years	yokes				

6 Letter Words

abodes	adobes	adores	adsorb	bakers	basked	beards
boards	boyars	brakes	breads	breaks	broads	debars
drakes	koreas	soaked	soared	sorbed		

7 Letter Words

byroads   debarks

8 Letter Words

9 Letter Words

keyboards

Solution 112

```
A C N C G B L N K C V G
Q V W H I G H W A Y I Y
F W E N I L T U O Q R F
S E A E W T H V L C T S
R H D H U C S T H S K C
A O V C Q S P E E P T F
T S I A L T L T G J S Q
D C S P W C A A Q G Q J
L A O A I L V B N U I Q
D R R S E J T J R G B B
K M Y R T I Y Y B F I W
J U R E Q U E S T S B S
```

ADVISORY   REQUESTS   RELATES
BIGGEST   SIGNALS   OUTLINE
HIGHWAY   APACHE   OSCAR

Solution 113

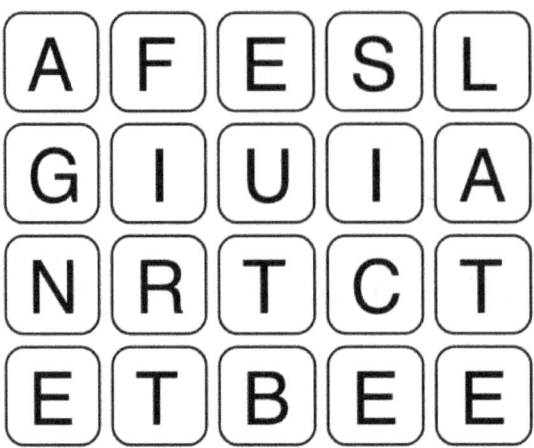

Total: 157

ACTE	ACTIN	ACTING	ACTUS	ACUTE	AFIRE	AIGRETTE	AILS	ALICE
ALIT	BEET	BETA	BETAS	BETTER	BETTERING	BRIE	BRIEF	BRIG
BRINE	BRING	BRIT	BRUCE	BRUIN	BRUISE	BRUIT	BRUITING	BRUT
BRUTE	CASE	CASEIN	CITE	CITIES	CITING	CITRUS	CUEING	CUES
CURB	CURE	CURETTE	CURIA	CURIE	CURIES	CURING	CURT	CUTE
CUTTER	EIGNE	EIRE	ENGIRT	ENITIA	ENTRIES	ERIE	ERIN	ERUCT
ERUCTING	FAIN	FAINT	FAINTER	FAIR	FAIRE	FAIT	FEIGN	FEIN
FEINT	FINE	FINER	FIRE	FITTER	FURIES	FUSE	GAIN	GAINER
GAIT	GAIUS	GIRT	GRIEF	GRIN	GRIT	ICUS	INERT	
INERTIA	INERTIAL	INTER	ITAL	LACE	LAIC	LAICUS	LATE	LICE
LICET	LIEF	LIES	LIEU	LISA	LITE	LITTER	LITTERING	
LITURGIES	RENT	RETTE	RIFE	RIGA	RING	RITE	RUES	RUIN
RUING	RUSE	SAIL	SALIC	SATE	SEIGN	SEINE	SITE	SITING
SITTER	SITU	SLAT	SLATE	SLICE	SLIT	SLITTER	SUFI	SUING
SUIT	SUITE	SUITING	SURE	TACIT	TACITE	TACITURN	TACT	TAIL
TAILS	TERN	TERTIUS	TIES	TINE	TINT	TIRE	TITTER	
TITTERING	TITUS	TRIES	TRIG	TRINE	TRITE	TRUCE	TRUE	TRUES
TURIN	TURING	TURN	URINE	UTICA	UTTER	UTTERING		

Solution 114

4 Letter Words **Words: 30**

deem deer demi demo diem dime dire doer
dome dorm doze idee idem mode modi redo
reed ride rode

5 Letter Words

eider erode mimed mired modem rimed

6 Letter Words

dimmer dozier rimmed zeroed

7 Letter Words

8 Letter Words

9 Letter Words

memorized

Solution 115

```
W C F W B N M P S E T C
S S R J T N C Y G P A O
Y N O O C O N T A I N J
U A U H W B P M N D C O
E I V C L E M J S U L I
L D T N T P A O L M D N
E R O R M J O L E S V S
L A K V U R J M T G M E
C U V J G F B J O H V H
N G W A R E V S R Q K O
U C N K R N W O N K N U
B I T R O B I N S O N W
```

GUARDIAN   ROBINSON   CONTAIN
UNKNOWN   WEALTH   MEMBER
ORGAN   UNCLE   JOINS

Solution 116

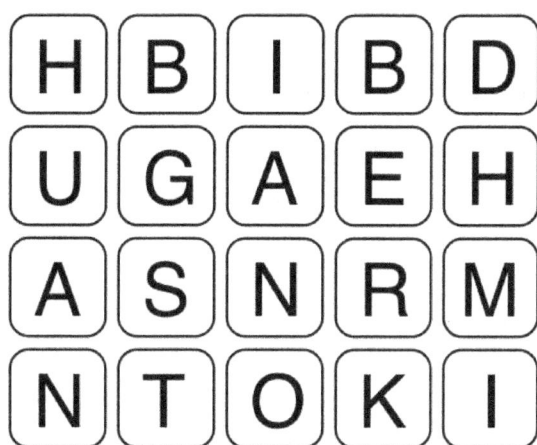

Total: 176

ABED	AGAR	ANGST	ANGUS	ANTON	ANTS	ARMED	ASTON	ATONE
ATONED	BABE	BABIED	BAGS	BANE	BANG	BANGS	BANK	BANS
BANTA	BARE	BARED	BARK	BARMEN	BARN	BARNS	BARON	BARONS
BAST	BEAN	BEANS	BEAR	BEAST	BENT	BENTS	BERM	BERN
BIAS	BIENS	BIER	BUGS	BUST	DEAN	DEANS	DEAR	DEBAR
DEBARK	DEIGN	DEIGNS	DEMI	DENS	DENT	DENTS	DERAIGN	
DERAIGNS	EARN	EARNS	EAST	EMIR	ERAS	ERNST	EROS	
GARMENT	GARMENTS	GAST	GIANT	GIANTS	GIBE	GIBED	GUST	GUSTO
HEAR	HENS	HERO	HERON	HERONS	HUGS	IGNORE	IGNORED	IKON
IKONS	IRAN	IRAS	IRON	IRONED	IRONS	KNOT	KNOTS	KONG
KORAN	KOREA	KOREAN	KOREANS	KOREAS	KRONA	KRONE	MEAN	MEANS
MEANT	MENSA	MENTOR	MIRE	MIRED	NAGS	NARK	NATO	NEAR
NEIGH	NERO	NORM	NOTA	OKRA	OKRAS	RAGA	RAGAS	RAGS
RANG	RANK	RANT	RANTS	RASA	REAGAN	REASON	REIGN	REIGNS
RENO	RENT	RENTS	RHEA	RHEAS	RIME	RIMED	ROTA	ROTAS
ROTS	SABER	SAGA	SANE	SANER	SANG	SANK	SANTA	SANTO
SARI	SARONG	SNAG	SNARE	SNARED	SNORE	SNORED	SNOT	SONAR
SONG	SORE	STAG	STAGNA	STAN	STONE	STONED	STORE	STORED
STORK	STORM	STORMED	SUGAR	SUGARED	TAGS	TANS	TONE	TONED
TONER	TONG	TONGA	TONGS	TONS	TORE	TORN		

Solution 117

Words: 202

4 Letter Words

acte, acts, arts, cart, cast, cats, chat, chit, cite, crts, east, eats, etch, hart, hate, hats, heat, hits, itch, rate, rats, rest, rite, sate, scat, seat, sect, seta, seth, shat, shit, site, star, stet, stir, tact, tare, tars, tart, tats, tear, teas, teat, tech, test, thai, that, this, tics, tier, ties, tire, tits

5 Letter Words

actes, artis, aster, astir, attic, caret, carte, carts, caste, cater, certi, chart, chats, cheat, chest, chits, cista, cites, crate, crest, earth, ethic, harts, haste, hater, hates, heart, heats, heist, irate, rates, react, recht, recta, recti, reits, resat, resit, retch, rites, scite, shirt, sitae, sitar, stair, stare, start, state, tacit, tares, tarsi, tarts, taste, teach, tears, teats, tetra, theca, their, theta, tiers, tires, tithe, trace, tract, trait, trash, treat, trice, tries, trite

6 Letter Words

artist, attics, attire, carets, caster, caters, charts, chaste, cheats, christ, crates, earths, ethics, haters, hatter, hearts, hitter, itches, racist, ratite, reacts, recast, sachet, satire, scathe, sitter, stacie, starch, static, stitch, strait, strict, tacite, taster, tetras, theirs, theist, thetas, thirst, threat, thrice, tither, tithes, traces, tracts, traits, treats

7 Letter Words

artiest, artiste, atheist, athirst, attires, cattier, chatter, citrate, hastier, hatters, hitters, raciest, ratchet, ratites, richest, scatter, shatter, stretch, striate, tastier, threats, tithers, trisect

8 Letter Words

aristech, chariest, chartist, chatters, chattier, citrates, ratchets

9 Letter Words

theatrics

Solution 118

```
G H S L A N I F Q U B C
O F A B U L O U S C D G
L E G E N D S R C P V U
O F N E T Y K N Y J Y R
K S S D C V D R G Y A F
D H E E J E T L R Y L I
O R V K G S W I C H P N
N E A B E N U J Y J S G
O N M R U Q A E J R I E
R M O E N M N H C E D R
S F V E O F Q S C R K G
V I O F D Y N J S F U N
```

FABULOUS   FORESTRY   ENQUIRY

DISPLAY   LEGENDS   CHANGES

FINGER   DONORS   FINALS

Solution 119

```
S E B T M
R T O S D
E N P L A
T E O D A
```

Total: 149

ADOPT	ADOPTER	ADOPTERS	ADOPTS	ALAS	ALOE	ALOES
ALONE	ALPS	ALSO	ASPEN	ASTON	BERET	BERETS
BERN	BERT	BERTON	BEST	BETS	BOER	BOERS
BOLA	BOLAS	BOLD	BOLO	BONE	BONER	BONERS
BONO	BOPS	BOTE	DADA	DADS	DONE	DONEE
DOPE	ENTER	ENTERS	EPOS	EPSON	ESTER	ESTOP
ESTOPS	LADS	LAST	LOBE	LOBES	LOBS	LONE
LONER	LONERS	LOPE	LOPS	LOST	LOTS	
NEOPLASM	NETS	NODAL	NOES	NOLO	NOTE	NOTES
OLDS	ONERE	ONTO	OPEN	OPENER	OPENERS	OPTS
OSLO	PEEN	PEER	PEERS	PENT	PEON	PETE
PETER	PETERS	PLOD	PLOT	PLOTS	POET	POETS
POLO	PONERE	PONTES	POST	POTENT	POTS	RENO
RENT	RENTS	REOPEN	REST	RETOLD	SALAD	SALON
SERE	SERENE	SLOB	SLOE	SLOES	SLOP	SLOPE
SLOT	SLOTS	SOBER	SOBERS	SOLA	SOLD	SOLO
SOTS	SPENT	SPONTE	SPOT	SPOTS	STEEP	STEEPS
STENO	STENOS	STEREO	STEREOS	STERN	STET	STONE
STOP	STOPS	STREET	TEEN	TEETER	TEETERS	TENERE
TENET	TENETS	TENT	TENTS	TERN	TERSE	TOES
TOLD	TONE	TONER	TONERS	TOPE	TOPS	TOTE
TOTES	TOTS	TREE				

Solution 120

4 Letter Words
Words: 42

fish　heir　hens　hers　hess　hire　hiss　hues
huis　rush　shin　shun

5 Letter Words

fresh　heirs　hires　nehru　rhine　shier
shies　shine　shins　shire　shuns　sushi
usher

6 Letter Words

fisher　fishes　inrush　rhesus　rushes
shiner　shines　shires　shrine　ushers

7 Letter Words

fishers　furnish　shiners　shrines　sunfish

8 Letter Words

inrushes

9 Letter Words

furnishes

We hope you loved the logic puzzles. If you did, would you consider posting an online review?

This helps us to continue providing great products, and helps potential buyers to make confident decisions.

For more logic puzzles, find our similar titles

www.ingramcontent.com/pod-product-compliance
Lightning Source LLC
Chambersburg PA
CBHW081333080526
44588CB00017B/2610